KB020198

니콜라이 슐츠   Mal de Terre

나는
지구가 아프다

eum

지은이   니콜라이 슐츠
                Nikolaj Schultz

사회학자. 코펜하겐 대학교에서 지리사회적 계급(geo-social class)을 주제로
박사학위 논문을 마무리하고 있다. 브뤼노 라투르와 함께 쓴 『녹색 계급의 출현』은
10개 언어로 번역되었고, 『나는 지구가 아프다』는 현재 6개 언어로 번역되었다.

옮긴이   성기완

시인, 뮤지션. 때때로 번역가. 다수의 시집과 산문집을 냈고 여러 권의 책을
우리말로 옮겼다. 2015년 제1회 김현문학상 시 부문을 수상했다. 인디밴드 '3호선
버터플라이 3rd Line Butterfly', 서아프리카와 동아시아 팝의 융합을 시도한
밴드 '아싸 AASSA(Afro Asian SSound Act)'의 리더로 활동한 바 있으며 팬데믹
이후에는 다세대 밴드 '트레봉봉 Tresbonbon'의 멤버로 음악활동을 이어가고
있다. 일상적인 소리를 아카이빙하는 SSAP(Seoul Sound Archive Project)의
대표이기도 하다. 현재 계원예술대학교 융합예술과 교수로 재직하고 있다.

나는 지구가 아프다 　　 # 골칫덩이들 　　 Mal de Terre

끝날 기미가 안 보인다. 골칫덩이들이 하루 종일, 아침부터 저녁까지, 해 뜰 때부터 해 질 녘까지 나를 도무지 놔주질 않는다. 오랫동안 이런 식이긴 했지만 오늘 밤은 좀 다르다. 그놈들이 심지어 내 꿈자리까지 건드리다니.

요즘 좀 늦게 잠자리에 드는 편이었는데, 일부러 그런 게 아니라 이 도시의 찌는 듯한 더위를 도저히 견딜 수가 없어서였다. 더위가 내 몸과 마음을 무력하게 만든다. 모든 게 느려지고 일 분 일 초가 늘어지는 것 같고 조금만 움직이려 해도 몸이 천근만근이다. 그 와중에 폭염이 또다시 파리를 덮쳤다. 이 정도 더위면 예전에는 매우 드문 일이었으나 이제는 보통이라고 할 수는 없어도 친근하게 여겨지기까지 한다. 열기에 진이 빠진다. 피곤해서 잠을 꼭 자야 하는데도 눈을 감으면 심장이 자꾸 두근거린다. 팔에서부터 손끝에 이르기까지 콕콕 쑤시고 가슴이 답답해지고 목덜미가 뻣뻣하다. 느낌이 먼저인지 생각이 먼저인지 잘 모르겠으나 이것만은 확실하다. 골칫덩이들이 날 붙들고 놔주질 않는다는 것. 평소 같으면 몸을 스치는 바람결에 좀 진정이

될 만도 한데 지금은 오히려 그게 걱정에 불을 지핀다. 에어컨
바람 없이는 잘 수가 없는데, 그 바람에 나의 에너지 소비량이
급격히 증가하면 이산화탄소 배출이 늘어 결과적으로는 더 많은
열기가 생산될 게 아닌가. 내 몸을 식히는 일에도 가격표가 붙어
있다. 그 비용은 누군가가 제일 먼저, 가장 비싸게 지불하게 되어
있다. 그 당사자는 물론 남반구 저개발국가들이다.

몸을 뒤척이는데 커튼 틈으로 바깥이 보인다. 길 건너 양철
지붕을 이고 사는 커플은 도대체 어떻게 견딜까? 내 집보다도
비좁은 데다가 창문이 달랑 하나라 공기 순환이 전혀 안 될 텐데,
에어컨이라도 없다면 혹시 저 안에서 질식당하는 건 아닐지
걱정이다.

우리가 사는 인류세 Anthropocene (인류로 인한 지구온난화 및 생태계 침범을
특정으로 하는 현재의 지질학적 시기 - 옮긴이)가 좋은 잠자리는 아니구나.
뜬눈으로 밤을 지새워 기운이 하나도 없긴 하지만 평소처럼 이를
악물고 일하자고 겨우 스스로를 다독이며 몸을 일으키려다 요즘
내가 뭔가에 홀려있음을 알아차린다. 어제 아침, 내가 그렇게도
염원했던, 표지에 내 이름이 적힌 책이 파리의 서점에 진열되는

그 꿈이 수백 킬로미터 떨어진 원시림을 황폐화시키는 주범인 듯한 망상에 사로잡혔던 것이다. 종이에 검은 잉크로 인쇄된 글자 하나하나가 배출한 휘발성 유기화합물 volatile organic compound이 그 먼 곳까지 날아가 아지랑이를 피우고 있었다.[1] 한 장 한 장 책을 써 내려갈 때마다 자꾸 생각이 그쪽으로 흘러 점점 더 미궁에 빠진다. 내가 끼친 해악이 아무리 미미해도 나 역시 지구를 위기에 빠뜨리는 가해자 중 한 사람이라는 게 분명하지 않은가.

저 아래 거리에서 사이렌 소리가 시끄럽게 울리다가 잦아든다. 급기야 잠이 완전히 달아났다. 나는 침대에 걸터앉아 허벅지 사이에 양손을 끼고 되뇌인다. 지금 기대고 있는 이 벽 말고는 기댈 곳이 없군. 완전히 방향감각을 잃어서 어디가 어딘지 분간이 안 간다. 전후좌우 산지사방 그 어디에서도 보이는 거라곤 이 엉망진창의 흔적들뿐이다. 어딜 봐도, 그 어디를 떠올려봐도 전부 나라는 존재가 한 짓들의 거추장스러운 잔해들만 보인다. 눈앞이 캄캄해지더니 호흡이 가빠온다. 골칫덩이들이 나를 졸졸 따라온다. 아니, 심지어 발걸음을 내딛는 족족 골칫덩이가 된다. 어딜 봐도 삶을 망치는 것들뿐이니 어떤 일도 손에 잡히질 않는다. 떠오른 생각들이 사사건건 불면의 대가로 얻은 도덕적 현기증일 뿐이라면 이 한 밤 어찌 꿈을 꾸겠는가. 아침 댓바람부터 내가

하는 모든 짓들이 재난의 화근이라면 오늘 하루 무슨 꿈을 꾸며
살겠는가.

이런 걱정거리들이 꼬리에 꼬리를 문다. 매일 아침 기록을
갱신하는 기후변화의 현황을 신문에서 접하자마자 이놈들이 나와
함께 한다. 오늘 오후 파리는 섭씨 43도였고 캘리포니아는 54도를
넘나든다. 중부 유럽에서 수백 명의 사람들이 홍수로 목숨을
잃었고 인도네시아에서는 얼마 전 덮친 태풍으로 인해 수십
명이 아직도 실종 상태다. 마트에서 뭘 살 때도 그렇다. 카트에
물건을 하나씩 담을 때마다 골칫덩이들이 쌓인다. 물건들이
저마다 입고 있는 비닐 옷은 언젠가 먼 바다로 갈 것이다. 나는
이제 고기를 안 먹지만 그 대용으로 택한 아보카도와 퀴노아도
재배과정에서 토양을 악화시키고 물 부족을 야기한다. 아침마다
정신을 깨워주는 커피 한 잔도 먼 땅을 황폐화시키고 이름 모를
강을 오염시킨다. 샤워를 할 때도 마찬가지다. 물을 틀어놓는 동안
탄소가 줄기차게 대기로 방출된다. 샤워를 마치고 몸을 말린다.
이번에는 한 겹 한 겹 옷을 걸칠 때마다 새로운 골칫덩이가
쌓인다. 이 옷들은 지구의 온실가스 문제에 엄청난 책임이
있는 의류산업의 산물이다. 당면한 이 문제들은 쉽게 소화도
안 되고 덮는다고 사라지지도 않는다. 나날의 일상적 행동이

골칫덩이들과 한 몸이고 이 난제들과 얽히고설켜 있다니.[2] 하루 하루 골칫덩이가 바로 나라는 걸 깨닫는다.

존재들

도대체 내가 누군지 모르겠다. 인간 종이 탈바꿈 중이고 나 또한 그에 따라 변종이 되어가나 보다.[1] 매일 매일 나는 이 변화를 안팎으로 절감하는데, 그건 나의 개인적인 행동이나 습관이 전지구적 패턴을 거울처럼 반영하기 때문이다. 나는 지구를 담보로 악마와 거래한 파우스트처럼 컴컴한 방구석에 숨어 은밀하게 물질적 풍요를 누리며 양심을 팔아먹고 있는 중이다. 침대에 멍하니 누워 있으면 어디선가 지천으로 울리는 목소리가 귓가에 쟁쟁하다. 목숨을 부지한답시고 행하는 모든 짓이 흔적을 남기고 이 흔적은 지구 반대편에서 일어나는 재앙과 직접 연결된다. 삶의 물질적 자취는 늘 나를 먼 데로 데려가 위험한 존재로 둔갑시킨다.

온갖 곳에 내가 다 출몰하고 다닌다. (here, there, everywhere : 비틀즈의 노래를 연상시킨다. - 옮긴이) 그러니까 이 골칫덩이들이 떨쳐지질 않지. 동료 연구자인 한 친구는 '삶의 터전 live on'인 지구와 '사는 데 쓰는 live off' 지구를 구분함으로써 이 '분신술 dispersion'을 도식화할 길을 찾아냈다.[2] 생계를 꾸리려면 다른 곳에서 뭔가를

가져와야 하고 그렇게 삶을 꾸려가다 보면 나는 매번 장소 이동을
하지 않을 수 없다. 좀 넉넉하게 살아봐야지 할 때마다 나는 다른
이들의 땅에 발을 디뎌야 한다. 하지만 다른 이들의 생계에 깊숙이
발을 담근 채 여기 이 침대에서 헐떡거리며 숨을 몰아쉬고 있는
나 자신의 경험을 딱 꼬집어 말해줄 언어가 아직은 안 떠오른다.
고등학교 때, 다른 사람과 사귀면 내 손아귀에 그 사람의 운명을
한 줌 정도 쥐게 된다는 걸 알았다. 그런데 지금은 딴판이다.
가본 적은커녕 가볼 꿈도 안 꿔 본 곳에 내가 영향을 끼쳐
일면식도 없고 어떻게 사는지 가늠도 잘 안 가는 그런 사람들과
엮인다. 하여튼 나는 먹고 마시고 숨 쉬고 살아가는 기본 바탕을
잠식하며 그들의 삶 한복판에 가 있다. 이 찌는 듯한 여름밤,
남들의 목숨을 지불하며 부지하는 내 목숨이라니.

기온이 떨어지지 않는데도 나는 꽁꽁 얼어서 옴짝달싹 못한 채
거동 하나하나를 두려워하고 있다. 누가 내 발밑에 샤토브리앙
Chateaubriand의 '중국인 살해용 Mandarin chinois' 방아쇠를
달아놨는지 발을 옮기는 족족 발사된다.[3] (18세기말, 19세기 초에
활동한 프랑스의 작가 샤토브리앙 Chateaubriand이 쓴 『기독교의 정수 Le Génie
du Christianisme』에 이런 대목이 있다. "양심은 한낱 상상의 창조물이거나 벌받는
게 무서워 생긴 게 아닐까? 나는 이렇게 자문해 본다. '만일 손도 안 쓰고 중국에서

한 사람을 살해하고 이 유럽에서 그의 유산을 물려받을 수 있다면 너는 어떻게

하겠느냐.'" 자신과 전혀 관계없으면 양심도 작동하지 않는다는 뜻. - 옮긴이)

왜 이렇게 자꾸 숨이 막히고 혼란스러워질까. 그 실존적 해답을
더듬더듬 찾아갈라치면 이내 판이 헝클어져 처음부터 다시 해야
하는 상황 때문일 게 뻔하다. 어깨가 축 처져서 침대를 기어 나온
나는 책꽂이에 꽂힌 책을 훑다가 바로 그 책을 발견하고, 찾던
페이지를 펼친다.

> 내게 필요한 것, 내가 갈구해 온 건 바로 이것이다.
> 사람은 남을 알기 전에 우선 자기 자신을 알아야 한다.
> 자기 내면을 이해한 다음 갈 길이 보이고 나서야 비로소
> 삶의 평온과 의미를 찾을 수 있다. [4]

책을 펼친 게 더 안 좋았는지 머릿속이 온통 뒤죽박죽이 된 나는
이내 책을 덮는다. 이제 이 책을 예전처럼 펼치지는 못하리라.
덴마크 사람으로서 나는 뭔가 심란할 때마다 안내자가 되어준
키에르케고르의 이 구절을 마음 깊이 새기고 있다. 그런데 오늘
밤에는 이 구절에서 울림을 찾을 수 없다. '내면'으로의 깊은
여행이 나를 짓누르는 불안과 공포를 달래주지 못하는 것은,
그것들이 내 존재의 '외부'에 남겨진 흔적에서 비롯되기 때문이다.

마치 존재의 안팎이 뒤집어진 듯 아무리 책을 뒤적여도 내 존재의 등고선을 설계하고 설명하며 가늠할 그 어떤 꼬투리도 나오질 않는다. 어둠 속에서 나의 실루엣은 그대로인데 거기 매달린 그림자가 달라 보인다. 세계 안에서의 내 존재 방식이 변해버려서 조각조각 퍼즐을 맞춰보려 하지만 말 그대로 퍼즐 조각이 된 기분이다.

이렇게 잠을 못 이루는 건 내가 꼴 보기 싫은 괴물 같은 종으로 변해버려서 도무지 정체 파악도 안 되고 설명하려 해도 말문이 탁 막혀버리기 때문이다. 십 대 시절 애착을 가졌던 실존주의적 전통의 빛줄기도 더는 이 자리를 비추지 않는다. 그 빛은 오늘 밤 내가 처한 상황을 묘사하거나 설명해 주지도 못하고 내일 해가 떠도 마찬가지일 것이다. 여전히 실존이 본질에 선행하는 건 틀림없지만[5] 지금의 이 실존은 전혀 다른 종류라서 파악해 보려 해도 매번 달아나 버린다. 거울 가득한 호텔방에 투숙하기라도 한 양 '나 혼자서만 for myself' 사는 게 아닌 건 고사하고 '다른 이를 통해서만 from others' 존재 가능한 것이 우리네 실존이다. 줄을 처놓은 거미처럼 남의 진액을 빨아먹고 사는 것이다. 실을 잣는 동안 나는 가깝거나 먼, 사람이거나 아닌 다른 존재가 가진 것들에 줄기차게 빌붙어 그들의 앞길을 가로막고 산다. '나는 어울린다,

고로 존재한다 intermixti ergo sum'가 아닐 수 없다(데카르트의 '나는
생각한다, 고로 존재한다 Cogito ergo sum'을 빗댄 표현 - 옮긴이). 나는 섞이고
개입한다. 고로 존재한다. 문도 안 달린 집에서, 지친 어깨 너머로
팔을 뻗어 흔적을 건네고 구덩이를 파놓고 자취를 남기니
뭇 것들이 그리로 깃든다. 내 삶이 계속 뜻깊게 펼쳐지기도 하지만
오히려 나와 내 삶을 가능하게 하는 개체들과 얽히고설키며
협상해 나가는 과정으로 '접어들기도' 한다.[6]

벽. 내가 기대고 있는 이 벽들에 입이 달렸다면 이렇게 말할 게
뻔하다. 너는 밑천도 없이 장사하고 말도 안 되는 흥정을 붙이려고
하며 권한은 쥐뿔도 없는 게 외교적 협상에 나서는 몹쓸 거간꾼이
아니냐! 그냥 그런 느낌이 들었다는 말이다. 내 존재의 실을
엮어 정체성의 집을 지어나가지만 그것은 다른 개체의 파괴와
떼려야 뗄 수 없는 관계다. 나는 흙, 바람이며 물이요 불이면서도
토양침식, 태풍, 산불과 해양오염의 원흉이다. 구토로 불면에
시달리는 나는 이 구토가 탈출 불가능한 내면 깊은 곳에서의
자유나 끝없이 맴도는 주관성의 미로가 아니라[7] 바깥세상에
끊임없이 남겨지는 흔적 때문이라는 걸 안다. 사회적 순응주의나
불성실이 아니라 내 행동에 수반되는, 헤아릴 수 없는 사회적
자연적 잔재들, 바로 거기에 내 잘못이 있다. 그렇다면 자유

그 자체가 아니라 그에 수반되는 물질적 비용에서 탈출해야
하는데, 그건 좀 불가능해 보인다.

나 역시 몸져누운 환자가 되어 내가 왜 이 병에 걸렸나 자꾸
곱씹어 보지만 병세가 도통 수수께끼 같다. 그런데 이 문제에
집착하면 할수록 실존주의자의 근본 문제가 자꾸 모양을 바꿔
출몰한다. 내가 걱정하는 건 여전히 '존재'인데, 문제의 핵심이 더
이상 인간의 실존 자체가 갖는 의미나 목적이 아니라 어떤 존재가
또 다른 존재를 살 수 있게 하거나 아니면 말거나라니 참. 나는
여전히 (사르트르의 말대로) 세계 안에 '던져진' 존재일 뿐 아니라[8]
세상에 동전처럼 던져진 내 잔재들이 부메랑이 되어 내게
돌아오는 걸 겪고 있는 존재다.

인간이라는 존재의 유일무이한 존재 조건을 사유하며 잠 못 드는
밤을 보내던 게 불과 몇 해 전인데, 오늘 밤에는 그러기는커녕
인간이 저지른 일 때문에 생존 조건 자체가 그 어느 때보다도
불안해진 시대에 지구상의 수많은 미물들이 인간과 공존하며
실존을 조건 지우고 있다는 걸 두려움에 떨며 새삼 깨닫고 있는
중이다.

어느덧 나는 흥건히 땀에 절어 침대가 끈적거릴 지경이다. 내 마음은 새롭게 던져진 실존주의 동전 놀음에서 어느 쪽도 선택하지 못하고 우왕좌왕하고 있다. 동전의 한쪽 면에 생존을 위해 내가 의존하는 수많은 존재들에 대한 깨달음이 있다면, 반대쪽 면에는 그 개체들에 의존하는 내 삶 자체가 그들을 말살하고 따라서 동료 인간들을 죽음으로 내몬다는 인식이 있다. 이것이 나라는 인간의 새로운 상태인데, 전지구적 차원에서 인간종이 해놓은 짓 때문에 결국 이 상태는 지구의 상태로 변환된다. 우리의 실존은 훨씬 더 복잡해졌다. 삶은 작은 지역과 전 지구를 동시에 아우르는 새로운 지리적 환경 속에서 펼쳐지고 있으며 수많은 종들, 존재들의 출현과 멸종 모두를 포괄하고 있다.[9] 이제 실존주의적 임무는 어떻게 하나의 존재를 이러한 과정과의 관계 속에서 파악하느냐에 달려있다.

여러모로 실존의 문제는 탈중심화되어 왔다. 그런데도 침대에서 옴짝달싹 못 하고 있는 나는 고스란히 그 중심에 있다.

세대 갈등

어느덧 시곗바늘이 자정을 가리킨다. 그러자 오늘이 어머니 생신임을 내 휴대폰이 알려준다. 보통 때 같으면 나는 어머니께 전화했을 것이다. 내가 아는 가장 현명한 분이며 웬만하면 이 시간에 깨어 있는 어머니라면 나의 이 뒤죽박죽 상태를 좀 진정시킬 수 있으련만. 유능한 문제 해결사인 어머니는 어렸을 적부터 산다는 게 뭔지 헷갈릴 때 내 곁에 있어 주셨다. 내 삶의 나침반이신 어머니, 엉킨 실타래를 풀어 방향을 알려주시는 나의 어머니. 무너졌던 경제를 다시 일으켜 우리를 먹여 살렸고 그 일을 자신의 숙명으로 알았던 전후세대, 어머니는 내가 어디서 왔으며 어디로 갈지를 알려준 분이다.

맞다. 평소 같았으면 어머니가 좋은 충고를 해주셨을 것이다. 그러나 변한 건 어머니도 마찬가지다. 같은 이유 때문이지만 다른 방식으로 어머니 역시 자기만의 과거, 현재와 미래의 운명을 지닌 또 다른 종류의 인간으로 변해버렸다. 꼬리가 달린 듯 낯선 변종이 된 채 밑도 끝도 없는 이상한 책임감에 휩싸여 이 세상을 살아가고 있는 것이다.

전화할까도 싶었지만, 지난번에 만났을 때 서로 한마디도 못 했던 게 떠올랐다. 내 마음은 시간을 거슬러 덴마크 남부에 있는 어머니의 집으로 달려간다. 크리스마스 날이었다. 라디오에서는 캐롤이 잔잔히 흐르고, 다 함께 부엌에서 점심을 준비하고 있는데, 남동생이 어렸을 적 요맘때면 눈도 참 많이 왔었는데, 하고 회상하는 순간 다정한 분위기가 한순간에 찬물을 끼얹은 듯 사라지고 말았다. 무슨 구호를 외친 것도 아닌데 할머니가 갑자기 얼어붙더니 입에 자물쇠를 채우고 돌아앉아 버리셨다.

할머니는 생태학적 재앙을 부정하지 않았지만 그렇다고 대놓고 말하지도 않으셨다. 나는 그게 이해가 갔다. 할머니의 침묵은 그 세대가 뭘 위해 싸웠고 우여곡절 끝에 도달한 가치가 뭔지 짐작게 한다. 할머니 세대가 평생 추구해온 정치적 투쟁의 중심에는 자유와 물질적 풍요를 향한 역사적 진보라는 외길에 대한 도덕적 역사적 확신이 있었다. 할머니 세대는 이 가치의 실현을 위해 평생을 바치셨고 자손들에게 그 유산을 물려줬으며 자손들이 그걸 지키는 게 도리라고 생각했다. 이것이 그 세대의 자랑스러운 정치적 지평이었고 자손들은 그 전망을 감사한 마음으로 지켜내야 마땅했다.

그러나 세월이 변해 자신의 과거를 재평가해야 한다니,
할머니에게는 끔찍한 일이었다. 손자 손녀들은 할머니 세대가
가졌던 전망의 존엄성을 더 이상 믿지 않는다. 평생 그렇게
살아왔는데 이제 와서 자기 생각이 낡아빠져 쓸모없게 되는 꼴을
보게 되는 것만으로도 감당하기 힘들 텐데 이건 그 이상이다.
한평생 추구해온 바로 그 전망이 자손들을 위험과 재앙의
구렁텅이에 빠뜨리게 되다니! 안전한 미래로 이끌어 주거나 결실
가득한 이상향을 물려주기는커녕 자식들로부터 삶의 지평과
가능성들을, 이 지구 자체를 앗아갔지 않은가. 번영을 보장해 주는
대신 갚아야 할 빚만 잔뜩 안겨준 꼴이다. 자기 세대는 자유를
얻었는지 모르나 후대는 그 대가로 삶의 터전 자체를 빼앗길
처지다.

침대에서 뒤척거리는 동안 나는 내 미래가 할머니의 과거라는
묘지에 매장당했다는 걸 깨닫는다. '삶의 터전 (lives in)'인 세계와
'사는 데 쓰는 (lives off)' 세계 사이의 공간적 단절은 언제나
'삶의 터전'인 시간과 '사는 데 쓰는' 시간 사이의 시간적 단절과
결부된다. 할머니의 세대는 현재의 시간을 '삶의 터전'으로
삼으면서 미래를 '사는 데 쓰는' 시간으로 소비한 것이다. 미래
세대가 살아갈 터전의 물질적 조건 자체가 위협받고 있는 게

보이지 않는가. 다시 세대 문제가 정치적 대립의 핵심 문제가 된 것인데, 이번에는 이 문제가 '세대 generation'라는 말의 어원에 한 발 더 다가간 모양새다. 생존 조건의 기원, 즉 제네시스 genesis와 불가분의 것이 되면서, 세대 문제는 새로운 역사지리적 시간성에 따라 토양과 대지, 자연의 문제와 얽혀든다. 보다 확장된 전지구적 과정과 엮이면서, 이제 세대라는 말을 비슷한 문화적 역사적 경험을 지닌 또래 집단 정도로 정의하는 것은 불충분하다.[1] 대신 세대들 사이의 '매듭'은 생활 터전의 존립가능성에 대한 시간적 지평과 각 세대가 맺는 관계에 따라 '묶이기도' 하고 '풀리기도' 한다. 삶의 최소한의 수단을 가져봤거나 가지고 있는 세대냐, 아니면 그것을 도둑맞은 세대냐, 미래에 회복할 가망성이 있느냐 없느냐 등을 봐야 한다. 어린 활동가들이 '세대 간의 전투'라는 틀로 자기들 싸움을 풀어내는 것은 여러모로 일리가 있다. 우리가 어디서 와서 무엇으로 사는지, 우리에게 남겨진 건 무엇인지, 그리고 이 땅에서 어떻게 살아가야 할지 등을 따짐으로써 삶의 터전으로서의 지구라는 '기원'이 그들 기획의 핵심임을 드러내기 때문이다.

할머니가 침묵을 지키는 이유를 알 것 같다. 할머니는 삶의 시간적 공간적 터전의 '동시적' 식민화를 통해 이뤄낸 정복의

주역이었지만 이제는 땅과 미래를 한꺼번에 도둑맞고 '삶의
터전'인 지구와 '사는 데 쓰는' 지구를 온전한 시공간으로
회복하기 위해 공격을 감행하는 젊은 세대의 표적이 된 것이다.
누구나 자기 땅에서 자신의 시간을 살아낼 권리가 있다는
젊은이들의 외침은 정당하다. 이러한 주장이 폭발력을 지니는
건, 시간은 가만 놔둬도 잘만 흘러간다는 생각에 의문을 품기
때문이다. 이 주장은 시간은 자동적으로 흘러가니까 세대는
저절로 이어지게 되어 있다는 당연한 논리를 공격한다. '미래를
위한 금요일 Fridays For Future' (2018년 당시 15세였던 스웨덴의 그레타
툰베리 Greta Thunberg를 비롯한 청소년들이 시작한 환경 지킴이 운동 – 옮긴이)은
미래라는 시간을 너무나 당연시하는 어른들에 대한
선전포고였다. 툰베리의 유명한 "어떻게 감히!"라는 외침은
수많은 위험신호에도 불구하고 역사의 진전을 너무 안이하게
받아들이는 이들에 대한 경종이었다. (2019.09.23. UN 기후행동
정상회담에서 툰베리는 세계 지도자들 앞에서 "어떻게 감히 여러분은 지금까지
살아온 방식을 하나도 바꾸지 않고 몇몇 기술적인 해결책만으로 이 문제를 풀어나갈
수 있는 척할 수 있습니까?"라고 분노에 찬 연설을 했다. – 옮긴이).

확신들이 무너져 내린 폐허 더미 속에서 살아야 하는 새로운
세대는 시간과 공간에 대한 새로운 사유를 촉구하고 나선다.

부는 바람조차 걱정거리인 불확실성의 시대에, 시대적 공간적
정의구현이라는 목표가 대두된 것이다. 의도적이었는지는 몰라도
동생의 말이 이러한 현실을 반영하고 있기 때문에 할머니는
자기 세대의 정의롭지 못함을 무겁게 받아들였다. 유구무언이라.
달래지도 혼내지도 못하는 처지가 아닌가. 진실이 발설되지 않고
침묵의 울 안에 잠자코 있는 건 그게 오류여서가 아니라 할머니의
속을 후벼파기 때문이다. 그걸 아는 나는 측은함과 분노 사이에서
담담함을 유지하려고 애쓸 뿐이었다. 개인으로 보자면 할머니도
전지구적으로 퍼진 해악의 희생양이지만 집단으로 보자면 할머니
역시 비난받아 마땅하기 때문이다.

성탄절도 이제 예전 같지 않다. 눈 씻고 봐도 눈발 하나
날리지 않는다. 자고 일어났더니 어제 품었던 전망이 하루아침에
구닥다리가 되어 버리다니. 일생을 애써 이뤄온 것이 정작
자식들을 죽음의 벼랑으로 몰아넣는데 어떻게 발 뻗고 잘 수나
있을까. 이 골칫덩이들이 아침부터 밤까지 나를 졸졸 따라다니며
일상의 구석구석을 들쑤시고 내 존재와 발아래 땅덩어리를
바꾸어 놓고 있다. 그놈들은 시간을 따라 출몰하며 세대를
갈라놓고 가족의 저녁 식탁을 전쟁터로 만든다. 내 꿈을
금지시키고 나의 친지들을 인질로 잡아 악당으로 탈바꿈시킨다.

나와 내가 사랑하는 모든 이, 그 누구도 봐주지 않는다.

저 사람들 눈에는 내가 변절자고 내 눈에는 그들이 변절자다.

세대를 가로지르는 돌연변이의 양성. 삶의 조건과 관련된 우리의 견해들은 극단적으로 바뀌었고 극과 극으로 다르다. 이 쟁점들을 놓고 당신은 자기 자신과 더불어 남들도 심판할 수밖에 없다. 당신의 과거와 미래에 자꾸 조명을 들이대야 하며 부모 세대와 당신 자신의 세대, 그리고 미래 세대를 재평가해야만 한다. 어떻게 이렇게 카프카스러울 수 있을까. '변신' 다음에는 '심판'이라니.[2]

감염

해가 뜬다. 그와 함께 열기도 치솟는다. 또다시. 내가 원하는 건 디오게네스하고 정반대다. 단지 한 줌의 그늘이면 되는데 해는 이미 커튼 사이로 이글거린다. (알렉산더 대왕이 안분지족하는 철학자 디오게네스의 거처를 방문했을 때 햇빛 좀 가리지 말라고 한 일화가 유명하다 – 옮긴이). 잠이 안 와 뒤척이는 건 오래된 일이지만 이렇게 한숨도 못 잔 건 오늘이 처음이다. 비몽사몽간에 화장실로 가 하는 둥 마는 둥 세수를 하고 다시 침대로 돌아오는데 꼭 감옥에 갇힌 기분이다. 너무 괴로워 도망가고 싶고 탈옥하고 싶고 나 자신, 내 조상, 그리고 이 모든 것으로부터 벗어나고 싶다. 삶이 드리운 흔적들을 내동댕이친 채 내 실존이 남긴 뒤끝을 훌훌 털고 혼자 처박히고 싶다. 그래. 나는 하나의 섬이고 싶은가 보다.

섬? 불현듯 머릿속을 스치는 생각 하나. 맞아, 바로 거기야. 한 주 전쯤인가, 내 친구 빅터 Victor가 나더러 하던 걸 좀 내려놓고 자기 가족과 함께 배나 타보는 게 어떻겠냐고 했지. 보통 그 배는 마르세유에 정박해 있지만 요즘에는 남프랑스 포르크롤 Porquerolles 섬에 있다고 했다. 언젠가 그 섬의 유리처럼 맑은 바다며 식물이며 풍광에 관해 들은 적이 있다. 넓게 펼쳐진 쪽빛 지중해 한가운데 있는 외딴섬, 여기라면 탈출해서 머물 이상향이 아니고 무엇이랴. 섬이 되고자 했으니, 과연 나는 그곳으로 둥둥 떠내려가리라.

감옥 벽에서 작은 구멍을 발견하고 흥분하는 수인처럼, 나는 즉시 탈출 준비에 착수한다. 그런데 꼭 필요한 것 몇 가지를 챙기려고 장롱을 뒤지다가 뜻하지 않은 장애물에 손이 걸린다. 가방에 쑤셔 넣는 티셔츠 한 장당 물 2,700리터 소비, 탄소 2.6킬로그램 배출, 청바지는 물 3,300리터에 탄소 11킬로그램, 농구화 한 켤레는 무려 13킬로그램의 탄소배출이라니.[1] 현기증이 도진다. 가볍게 여행을 떠나려 해도 정작 내가 들고 가는 것들은 왜 이렇게 무거운가. 아무리 옷가지를 잘 접어 가방에 넣은들 모든 게 뒤죽박죽인 셈이다. 왜 그래, 별거 아닌 걸 가지고, 이렇게 되뇌며 나 자신을 진정시켜 본다. 갈 곳이 생긴 당신, 거침없이 떠나라.

이내 생각을 정리하고 계단을 뛰어 내려와 문을 박차고 나서는데 아차 싶다. 바이러스로 인해 끝도 없이 지속되는 전지구적 폐쇄 상태가 나의 탈출을 훨씬 더 어렵게 만들잖아. 바이러스의 전파를

막기 위해 정치가들이 과학자들과 작당하여 만든 음성확인서라는
종이 쪼가리가 없으면 나는 아예 나다니지도 못한다. 다행히
길모퉁이 약국에서 바이러스 음성이라는 결과를 진단받으면
증명서가 발급된다. 약사는 기다란 면봉을 내 코에 쑤셔 넣고
마구 휘젓는다. 그런 다음 시약이 들어 있는 작은 관에 면봉을
넣어 꾹꾹 짜내며 흔들어 댄다. 그리고 면봉을 제거하더니
관 안에 든 샘플 액체를 진단기에 세 방울 떨어뜨린다. 보통
15분 정도 지나면 진단 결과가 나온다. 진단기에 색깔 있는
두 줄이 뜨면 나는 바이러스에 감염된 것이다. 결과가 어떻게
나오든 나는 컴퓨터에 등록된다. 나의 기록은 국가의 바이러스
데이터베이스에 등재되어 정치적 결정의 자료가 되며 종이로
출력되어 나의 이동 여부를 결정할 증빙서류가 된다.

진단 결과 음성이 나왔다. 자, 이제 떠나도 된다. 이 소중한 증명서
쪼가리를 나에게 건넴과 동시에 약사는 과학의 개입에 기반하여
구축된 사실들에 우리가 동의할 때 사회질서가 유지됨을
확인시켜주는 셈이다.[2] 물론 정치와 과학은 전망이나 말하는
방식이 다르지만 그들이 동원하는 것들은 하나의 오케스트라를
이루는 악기들처럼 조율되어 각자의 소리풍경 soundscape (캐나다의
작곡가이자 사운드 아티스트인 머레이 쉐이퍼가 제시한 개념으로, 보이는 풍경

landscape과 대조를 이루는 낱말 – 옮긴이)을 상호 규정해 준다. 과학이 사회적 영역 위에 군림하면서 뭔가 보편적 진리를 다루는 것 같아도, 실은 사회 안에서 물의를 빚으며 세상을 뒤엎을 만한 안정된 사실들을 제조함으로써 사회와 더불어 진리를 재구축해 나가는 거다. 과학이 여행을 허락해 준 이번 경우도 마찬가지다.

지하철을 타러 가면서 나는 내가 이동하면서 함께 전파시키는 것들이 꽤 많다는 걸 깨닫는다. 약국에서 받은 바이러스 진단만 해도 그렇다. 사람이 지구에 혼자 사는 게 아니라 목숨을 좌우하는 수많은 개체가 사람과 더불어 산다는 것을 팬데믹이 보여주었다. 바이러스도 있고 박테리아도 있으며 백신도 있지 않은가. 계속 여정을 밟아 목적지에 이르는 동안 나는 미생물, 면봉, 진단기며 컴퓨터 등 수많은 것들과 엮인다. 어찌 단절된 채 밖으로 나다닐 수 있겠나. 문 밖을 나설 때 마다 나는 공간을 재정의하는 끊임없는 얽힘과 설킴 속에서 다른 존재들과 '더불어' 운신해야 한다. 나 아닌 것들의 막힘이 없을 때 나도 세상 속을 마음대로 다닐 수 있다.

더불어 살기의 원리를 중심에 놓는 새로운 구체적 성찰이 바이러스의 전파와 함께 퍼져나가고 있다. 팬데믹은 우리가 다른 존재의 실제 삶과 깊게 연결되어 있어서 그들과 더불어 살아갈 수밖에 없음을 훤히 보여주었다. 또한 뭇 존재들이 집 밖으로 나서면 흔적이 남게 되고 공간이 구축/탈 구축된다는 것도 드러났다. 파리 중심가 리용역에도 수많은 징표들이 이러한 성찰을 드러내고 있다. 마스크 쓰기, 거리두기, 방역 조치 준수 등이 요청된다. 특이한 건 우리가 끊임없이 나다니며 흔적을 남긴다는 사실이 인위적인 자가격리를 통해 드러난다는 점이다. 데카르트는 "마스크를 쓰고 나선다 Larvatus Prodeo"는 유명한 말을 남겼지만[3] 아무리 마스크를 쓰고 다녀도 이동에 따르는 전파를 피할 수는 없다.[4]

이 팬데믹의 시대에, 전철역으로 들어가는 동안 이런 생각이 든다. 내가 남기는 수많은 흔적이 공간을 바꾸거나 폐쇄해 버리기도 하고, 괜찮을 수도 있지만 때로는 저 긴 줄 끝에 선 누군가의 호흡을 힘들게 할 수도 있구나. 수많은 손끝이 닿은 전철표 판매기를 통해 바이러스가 전파될 수도 있고 허약한 노숙자가 길바닥에서, 손주를 보러 가던 어르신이 역을 나서다가 감염되어 숨이 가빠질 수도 있다.

우리는 모두 흔적을 남긴다. 흔적은 우리의 발자취다. 죽으면 그만일 것 같지만 흔적 때문에 깨끗이 사라질 수도 없다. 이윽고 열차가 움직인다. 이 열차는 나를 남쪽으로 데려다주겠지만, 탈출의 여정이 계속되는 동안 나의 일부는 북녘을 향해 갈지도 모른다. 열차에 가속이 붙으며 역사가 멀어진다. 풍경 landscape이 빠른 속도로 지나간다. 땅이 변하니 나도 함께 변해간다.

대양

밤이 돼서야 뱃전에 도착했다. 저녁을 먹기에 앞서 빅터는 배의 내부와 내가 잘 작은 객실을 보여준다. 그러더니 날이 밝으면 항해에 꼭 필요한 기구의 조작법을 알려주겠다고 한다. 앞으로 며칠간 보금자리가 되어줄 이 좁은 공간의 울렁임에 익숙해져 보려는 동안 빅터의 동생인 폴 Paul이 배에 얽힌 내력을 세세히 설명하기 시작한다. 브르타뉴의 어느 조선소에서 영국인 선박 설계사가 제작한 배를 1970년대에 자기 할아버지가 구입하면서 '티미아 Timia'라는 이름을 지어줬다고 한다. 듣고 보니 온갖 풍파를 다 겪은 배였다. 유명한 요트대회에서 여러 번 우승했고 이름난 항해사들이 이 배를 타고 지중해에서 멀리 서인도 해에 이르기까지 대양을 누비고 다녔다는 것이다. 영광을 누린 티미아지만 비극적인 일도 있었다. 1980년대에 서인도 해를 항해하다 풍랑을 만나 그만 돛대가 부러지고 배의 나무 본체가 거의 부서질 지경이 되었는데…

폴이 배의 내력을 말해 주다가 잠깐 뜸을 들이는 사이에 어느 항해사가 머릿속에 아른거렸다. 쥘 베른 Jules Verne이 그려낸

세계의 시작과 끝은 바로 대륙으로 둘러쳐진 드넓은 지중해였다.[1]
그는 미슐레 Michelet를 인용하며 세상 험난한 기후로 유명한
이 바다에서 사람은 탈바꿈된다고 일깨운다. 네모 선장 Captain
Nemo은 자연이 만든 광활한 저수지인 이 바다를 정신 나간
사람처럼 헤매고 다니면서도 아프리카와 유럽의 해안선 사이에
답답하게 갇혀 있다는 느낌을 지우지 못했다. 갑판에서 바닷물을
쳐다보며 나 역시 둥근 지구의 시작과 끝이 여기임을 느낀다.
물이 돌고 돌아 다시 여기 이르기 때문이 아니다. 팽창주의적 해양
세력이 이른바 세계화 globalization의 꿈을 꾸기 시작한 게 바로
이 곳, 미로 같은 지중해이기 때문이다.[2] 이 바다의 파괴적인
탈바꿈 속에서 그 꿈의 종말 또한 문득 보인다고나 할까.

선미로 가 보니 오늘 바다는 평온하다. 그러나 이 잔잔한 바다
밑에는 난폭한 변화가 요동치고 있다. 수십 년 동안 아무런
규제 없이 자행된 공업화와 이윤추구 행위로 인해 지중해의
생태계는 거의 복원 불가능한 수준으로 망가졌다. 티미아가
지중해를 누벼온 지난 50년 동안 고래의 개체 수는 반으로
줄었고 어류의 3분의 1이 이 바다에서 사라졌다. 푸른바다거북의
생존이 위협당하고 상어의 절반이 멸종위기에 놓여 있다. 같은
기간, 산소를 배출하고 이산화탄소는 흡수하는 능력이 탁월해서

지중해의 '녹색 허파'로 통하는 토종 해초 포시도니아 오세아니카 Posidonia Oceanica의 분포가 30퍼센트 이상 줄어들었다. 이와 함께 산호초류인 말미잘 sea anemone과 산호충이 13퍼센트 넘게 사라졌다.[3] 또한 앞으로 30년 동안 이러한 종들이 죽거나 자취를 감추는 사이에 해수면은 25센티미터나 상승할 가능성이 있다. 그 와중에 바다로 내몰린 난민들은 인신매매 조직의 손에 목숨을 내맡긴 채 한 치라도 나은 삶의 터전을 찾아 파도와의 절망적인 싸움을 계속할 것이다. 뿔뿔이 흩어진 '바다의 저주받은 자들' the Damned of the Sea [4]. 번영을 누리면서 안전한 생존도 도모하는 건이 이 지구라는 터전에서 양립 불가능하다는 사실이 세계화의 해가 떠오른 바로 그 수평선 위로 드러나고 있다.

그리하여 나 역시 네모 선장처럼 이 바다에 갇혀 있다는 느낌을 받는데, 지중해의 꽉 막힌 해안선 때문이 아니라 우리가 현재와 미래의 처지에 대해 정반대의 전망을 제시하는 두 개의 대립적인 이미지 사이에 낀 채 오도 가도 못하고 있기 때문이다.[5] 바다가 날 구속하고 있다는 기분이 드는 건 끝없는 수평선 너머 무한히 펼쳐진 줄만 알았던 지구가 이제는 지구위험 한계선 planetary boundaries이 그어진 유한한 땅덩어리로 변질되어 버렸기 때문이다. (지구위험 한계선: 인류의 지속가능성을 보장받기 위해 꼭 지켜야 하는

아홉 가지 영역. 2009년 스톡홀름 복원력센터(SRC)의 요한 록스트룀 소장이 주도하여
필수 9개 항목과 3개 기준을 제시한 바 있다. – 옮긴이.) 벌써 어떤 한계선은
무참히 짓밟힌 상태다.[6] 노에 부딪혀 찰랑거리는 이 파도 밑에서
또 다른 지구가 떠오르고 있다. 둥글긴 마찬가지지만 가도 가도
끝없던 무한의 이미지를 상실한 지구가. 이 바다에서 나는 바람
가는 대로 아무렇게나 항해하는 게 아니다. 인간종이 누빈 결과로
생긴 제한된 궤적을 따라 재가공된 지구를 항해하고 있다. 지구와
대양이라는 터전의 거주여력 habitability은 쪼그라들었고
그 초라한 모습을 비추는 거울에 나와 인류를 새로운 종으로
바꾸어 놓을 또 다른 지구가 솟아오른다.

폴이 다시 사연을 들려주기 시작한다. 이내 나는 이 배에 여러
귀신이 붙어 있음을 이해하게 된다. 이 바다 저 바다 돌아다니며
수많은 선원들을 거쳤을 티미아. 티미아는 나보다 나이가 많지만
더 오래 살지도 모른다. 첫 항해를 떠난 이래로 티미아는 온갖
풍파를 겪으며 파도에 실려 온 아기 태풍이 자라 질풍노도가 되는
걸 목격해 왔다. 그런데 티미아, 너는 이제 그 선원들과는 달리
방향을 잃고 정처 없이 헤매는 또 한 명의 선원을 태우고 있구나.
바야흐로 세상이 뒤바뀌어 해수면이 상승하고 통제불능한 파도가
치며 미래는 그저 불확실할 뿐인 시대에, 망망대해를 모험한

끝에 저기 수평선 너머 미지의 대륙이 아니라 오염된 땅덩어리를
발견하는 전혀 다른 유형의 탐험가인 나를 말이다. 사람이
사람을 위해 그어 놓은 경계 안에서 놀 뿐이지만 그 신대륙에
어떻게 상륙해야 하는지 감도 못 잡겠고, 그저 나 자신이 막막할
따름이다.

여기, 바로 이 바다에서 네모 선장은 배가 좌초하는 바람에 자신의
자유와 독립성이 훼손됐음을 느꼈지만 나는 반대로 그 자유
때문에 망가질까봐 여기로 도망쳐온 신세다. 그런데 저녁을 먹고
이 불빛 하나 없는 작은 객실에 몸을 눕히자 탈출을 기도한
내 술책이 조금은 먹혀드는 것 같은 느낌을 지울 수 없다.
여객선에서 내려 폴이 모는 구명정을 타고 티미아로 실려온
이후로, 난 적잖이 진정된 것이다. 섬이 가까워 올수록 위로받을
시간이 다가옴을 느낀다. 해안에서 몇백 미터 떨어진 여기
배 위에서는 상쾌한 바람이 내 몸을 식혀주고 골칫덩이들이 좀
덜 쫓아오는 것 같은 기분이다. 두둥실 배를 흔드는 파도 소리와
바람 소리가 섞이며 내 귀를 편안하게 해준다. 작고 동그란 창밖을
내다보니 떠다니는 구름 사이로 별들이 반짝인다. 내일이면 나는
나의 목적지인 고립의 공간, 섬에 다다르겠지.

아침이 되니 햇살이 어제 그 창으로 들어와 나를 깨운다. 아, 내가
잤구나. 마음이 안정을 찾고 몸이 가뿐해진 나는 침상에서
기어 나와 갑판으로 나가본다. 여기도 금세 푹푹 찔테지만 시원한
바람에 열기가 잦아들어 그나마 숨이 좀 쉬어지겠지. 간밤에는
어스름한 윤곽만 보이더니 이제 섬이 선명하게 눈에 들어온다.
멋지구나, 하고 섬을 감상하는 것도 잠깐, 이내 빅터가 갑판으로
올라오더니 매듭을 만들어 밧줄을 묶는 일이며 돛을 접는 법이나
닻내리기 등 이것저것 배 위에서 할 일들을 두서없이 일러준다.
빅터가 아무리 열심히 떠들어도 아버지가 늘 나무라셨듯 쓸모
있는 일에는 젬병인 나는 집중력을 잃고 영 따라가지를 못한다.
어려서부터 봐왔기 때문에 이럴 때 빅터가 짓는 표정을 나는
잘 알고 있다. 배 위에서 해야 하는 일에 소질이 없는 내가 서툴게
하는 둥 마는 둥 하는 걸 보고 금방 포기해 버린다. 내 머리가
딴 데 가 있는 걸 알아채고는 뱃일들은 나중으로 미루고 나를
섬에 바로 떨궈주겠다고 제안한다.

섬

이에르 다도해 Hyères Archipelago를 이루는 네 개의 섬 중에서 가장 큰 포르크롤 섬은 길이 7km, 너비 3km에 연면적은 12.5km² 정도 된다. 남쪽으로 가파른 석회암 절벽이 솟아 있고 북쪽으로는 항구와 해수욕장이 자리한 이 섬의 언덕은 흡사 바다 위에 떠 있는 구름을 연상시킨다. 항구가 가까워지자 18세기 말 영국 군대에 초토화된 뒤에 젊은 나폴레옹 선장이 구축한 요새가 눈에 들어온다. 남쪽 언덕 꼭대기에 우뚝 솟은 등대가 선원들을 맞이하기 시작한 건 1837년, 섬 안에 마을이 처음 생기고 20년이 흐른 뒤였다. 20세기 초반에 한 회사가 투자하여 발전소나 유수지, 배관시설 등 섬의 기반시설이 마련되었고 1912년 프랑수아 푸르니에 François Fournier라는 돈 많은 엔지니어가 이 섬을 구입하여 부인에게 선물로 주었다.[1] 그는 외딴섬 포르크롤을 자급자족이 가능한 섬으로 만들 계획이었다. 그리고 반세기 넘는 세월이 흐른 뒤인 1971년, 프랑스 정부가 자연보호와 생물종 보존을 위해 이 섬의 대부분을 구입하여 포르-크로 국립공원 Parc National de Port-Cros의 관할에 두었다. 섬의 80%가 국유화된 것이다.

이렇게 외딴섬 하나가 자급자족의 원리에 따라 운영되고 환경과 생물종이 보호되는 공간으로 거듭났다. 사람들의 발길이 닿지 않는 단절된 섬. 배가 천천히 항구에 다다르자 나는 환호한다. 이 섬은 자유를 향한 완벽한 탈출구, 또는 최소한 그놈의 골칫덩이들을 잠시나마 피할 수 있는 최상의 피난처가 아닌가. 부두에 나를 내려 주고 멀어져가는 빅터의 배를 바라본다. 잠깐 항구 주위 마을을 좀 둘러볼 셈으로 기웃거려 보는데 문이 다 닫혀 있다. 항구는 거의 폐쇄상태에 가깝다. 아직 마을 사람들이 눈뜰 시간 전이겠지 싶어 빅터와 폴이 어젯밤 알려준 숨겨진 해변가로 바로 가보자 결심한다. 해안선을 마주한 나무 벤치에 앉아 빅터가 빌려준 낡은 지도를 펼친다. 나중에는 길을 기억하겠지만 우선은 이 종이로 만든 도구에 의존해서 어디가 어딘지 알아가야겠지. 처음에는 지금 내가 있는 곳이 어디인지, 목적지가 어디인지 잘 가늠이 안 갔으나 점차 기준점들이 눈에 들어온다. 동쪽으로 몇 킬로미터, 돌이 무성한 해안선을 따라 뻗어있는 길을 따라가면 되는구나. 다시 조금 헤매고 나니 길이 보이는 것 같다. 길의 굽은 정도, 시작과 끝 지점 등이 지도에 그려진 것과 맞아떨어지고 감이 좀 잡히자 지도에 표시된 좌표와 내 앞의 경로를 번갈아 비교해 가며 맞는 길을 찾아간다. 흰 벽돌과 노란 벽돌을 섞어 지은 집들이 모인 작은 마을을 지나치자 작물을 심어놓은 밭과 관목숲을 좌우로 가르는 비포장

자갈 도로가 나온다. 자전거들이 지나치자 연신 작은 돌멩이가
튀고 티끌이 일어 눈이 따갑다. 한 백 미터쯤 지났을까, 지도를
보니 오른쪽으로 완전히 90도 꺾어 숲으로 난 오솔길에 들어서게
되어 있다. 자갈길이 지나자 이파리가 무성한 갈푸른 식물들이
우거진 숲이 나오고 나무 사이로 바다가 빼꼼히 보일 때쯤
오솔길은 내리막이 된다.

가려져 있던 햇살이 가지 사이로 반짝이는 걸 보고 절벽이
나오는 줄 알았다. 이거 기어 내려가야 하나, 싶었는데 오솔길 끝
내리막에 정돈된 돌길이 이어진다. 그 길 따라 빙글빙글 내려가니
빅터가 스마트폰으로 보여준 평지가 나오고 드디어 모래사장에
발을 들여놓으며 안도의 한숨을 내쉰다. 몇 걸음만 더 가자.
꿈에도 그리던 섬의 티 없이 맑은 해변, 골칫덩이들과 작별하고
완벽하게 탈출에 성공한 나만의 공간이 바로 여기 아닌가.

그런 생각이 든 것도 잠시, 모래사장에 짐을 벗어 던지고 몸을
누이고 1분이나 흘렀을까, 한 할머니가 다급하게 다가와 말을
걸면서 이 섬에서도 혼자가 아니라는 걸 다시금 절감하게 된다.

"성가시게 해서 미안하오만, 다른 데로 좀 가 주시겠소?
아침 내내 뙤약볕 아래 돌아다녔지만 앉아서 쉴 만한 데가
한 군데도 없어. 평생 이 섬에서 살았어도 내 쉼터다, 싶은 곳이
이 넓은 해변에 단 한 평도 없어요. 나는 이 섬에서 태어난
포르크롤래즈, Porquerollaise, 토박이라오. 그런데도
갈 곳이 마땅치 않으니 원."

아무리 내 프랑스어 실력이 변변치 못해도 할머니의 말을
못 알아들은 척할 수야 없는 노릇. 갑자기 가슴이 두근거리고
말문이 막힌 나는 물건들을 주섬주섬 챙겨 휘청휘청 왔던 길을
거슬러 뒷걸음을 친다. 섬 주민이 200명 정도 되는데 이 할머니는
그중에서도 몇 안 되는 토박이시다. 이 섬은 할머니의 거주지이자
태어나 평생 살아온 터전이다. 할머니는 이 섬의 흙에서 자라나
뼛속에서부터 토박이인 포르크롤래즈가 된 것이다. 이 섬의
주인은 할머니다. 반면 나는 섬의 약탈자인 셈이다. 매해 여름
육지를 벗어나 이 섬에 들어오는 15,000명의 약탈자들이 있다.[2]
매해 이맘때가 되면 나처럼 한 철 도심을 떠나 할머니의 섬에
잠깐 머물고 돌아가는 뜨내기들을 가득 실은 배가 시간 단위로
항구로 들어온다. 우리는 훌쩍 떠나고 말지만 우리가 남긴 흔적은
오랜 세월 남는다.

탈출한답시고 이 섬에 상륙하니 결국은 섬이 잠식된다. 단순히 내가 해변의 자리 하나를 더 차지해서일까. 지구역학적으로 볼 때 관광객 수의 증가는 기후변화와 해수면 상승, 해안 지역의 개발 등과 맞물리면서 대륙에서 유입되는 퇴적물의 감소에 따른 지중해 연안지대 지반 침식의 원인이 되고 있다. 포르크롤 섬의 해안절벽 역시 1년에 몇 센티미터씩 침식되는 중이다.[3] 관광객을 실은 유람선이 부두에 정박할 때마다 조금씩 섬의 땅이 깎여 나가는 것이다. 인간의 욕망과 관광산업의 마케팅 전략, 수많은 동호회들, 기후변화와 지구의 물리적 운동 등 모든 것이 결합되어 나타난 결과다. 탄소 배출, 기온 상승, 관광객들, 휴가철, 배, 흙과 기름, 물과 모래, 그 모든 것들이 그물처럼 얽히고설키며 할머니의 섬을 조금씩 지우고 있다.

입이 열 개라도 할 말이 없다. 나의 발자취가 할머니의 토지를 점점 앗아가 마침내 할머니는 삶의 터전을 잃고 만다. 내가 운신하니 할머니의 땅이 사라져 간다. 이러니 할머니도 난감하실 거다. 할머니에게 나는 확실히 남인데 예전 같은 남이 아니다. 보통 남이라고 하면 무리 '속'에 있지만 무리에 '속해' 있지는 않은, 가깝고도 먼 사람을 일컫는다.[4] 남이 나타나면 대개 무리 속의 사람들은 집단속을 더 하게 되는 법이다. 그런데 할머니의 눈에 나라는 '남'은 침입자일 뿐 아니라 땅을 망치고 자기 땅에서 할머니를 소외시키는 장본인이기까지 하다. 할머니는 일면식도 없는 나 때문에 자기 땅도 못 알아보게 될 판이다.

이렇게 나의 탈출로 할머니의 집이 날아가고 나의 자유로 그 땅이 지출된다. 지중해 연안에 있는 다른 섬들도 그렇지만 포르크롤 또한 로마 시대 이래로 수백 년 동안 금은보화를 찾아 바다를 헤집는 해적들의 약탈에 시달렸다. 해적들은 닻을 내리고 섬을 유린한 뒤 떠나 버린다. 지금은 내가 뱃사람에서 해적으로 둔갑하여 검은 깃발을 달고 바다를 누비며 다른 이들의 터전을 급습하고 약탈을 일삼는다.

해변의 모래를 사이에 두고 저만치 멀어진 할머니와 나. 우리 둘은 땅덩어리가 변하고 그 안의 우리도 변하고 있음을 느낀다. 변화하는 지질학적 환경 한가운데서 '향수 nostalgia '와 '환경상실감 solastalgia'이라는 두 상반된 운명이 충돌한다. (호주의 환경철학자 글렌 알브레히트 Glenn Albrecht가 만든 신조어. '위안'이라는 뜻의 '솔러스 solace'와 그리스어로 '고통'이라는 뜻의 '앨지어 algia'를 합성한 말. 주로 환경의 변화로 인한 상실감과 고통을 말함 – 옮긴이) 향수가 돌아갈 수

없는 시절이나 고향, 만날 수 없는 사람을 그리워하는 마음의
표출이라면, 환경상실감은 삶의 터전을 빼앗겨 집에 있어도 집
같지 않은 허전함과 스트레스와 갈망의 표출이다.[5] 좋았던
옛 시절, 순수했던 나, 자유와 전망 등 모든 걸 잃은 나, 삶의
터전인 고향 땅이 눈앞에서 사라져가는 걸 보고만 있어야 하는
할머니, 둘 모두 괴로움 속에서 신음하고 있다.

또다시 골칫덩이들이 출몰한다. 파리에서 밤낮으로 나를
괴롭히고 내 가족들에게 들러붙던 그놈들이 이 섬까지 나를
쫓아온 것이다. 이 섬이 나에게 안식과 고독감과 해방감을 제공해
줄 거라고 생각한 게 잘못이다. 세상을 등지고 홀로 도망칠
섬이라는 건 있을 수 없다. 탈출은 현실 앞에서 맥없이 무너지는
허구다. 한 마디로 '골칫덩이'의 '바깥'이라는 건 없다.

　　　　　　　　　　　　・

이 천국 같은 섬의 해변을 거닐며 문제에서 좀 벗어나나 싶었지만
나는 갑자기 거기 있는 것만으로 나도 모르게 그 땅을 약탈하는
현대의 해적이 되어 남의 땅을 어슬렁거리고 있는 것이다.

　　　"총동원령 발동!"

순수함과 자유의 상실, 토지와 터전의 상실, 그에 더해 자아 상실, 이 모든 상실이 서로 얽혀있다.[6] 나의 결핍이 관념적인 반면 할머니의 그것은 물질적이다. 해안선이 실제로 움직이고 있고 우리의 꿈이자, 현존하는 땅이었던 섬이 우리 발밑으로 가라앉고 있는 것이다.

각자의 자유

나의 자유를 위해 희생당하는 할머니의 섬, 할머니의 섬 때문에
굴복당하는 나의 자유, 이 둘이 서서히 서로를 무력화시킨다.
할머니의 절망을 비추는 거울 속에서 나의 자유는 산산조각이
난다. 내 자유의 발자취가 이 섬을 사라지게 만든다면 나는 낡은
장식품이 되어버린 자유를 가차 없이 버려야 한다. 하지만 아무리
나의 자유가 할머니의 섬에서 몹쓸 짓을 한들 이렇게 놔둘 수는
없다. 내 자유의 순수함이 산산이 부서지는 걸 눈앞에서 봤지만
그래도 자유를 저버릴 수 없다. 나는 나 자신을 늘 현대인이라
생각해 왔다. 그건 내가 정치적, 감성적, 미학적으로 자유를
무엇보다도 소중하게 여긴다는 뜻이다. 나는 자유를 신봉한다.
자유는 나뿐만 아니라 내가 속한 사회의 근간이며 사회적 질서는
자유의 이상을 바탕으로 합법화되어 왔다.[1] 이것이 우리의 자기
인식 아니었나. 이 인식은 부정확할 수는 있겠으나 효과적이고
울림이 있다.

아무리 그 바닷가에서 휘청거린들 자유라는 이상을 과거의
허구로 치부하고 그 자리에 내동댕이치고 올 수는 없다. 그만큼

자유의 이미지는 강하다. 어떻게든 새로운 자유론을 만들어 내야지 그렇지 않으면 섬이든 어디든 발을 딛고 사는 내 마음이 어찌 편할 수 있겠는가. 할머니의 마음도 마찬가지일 것이라 여겨진다. 지구의 상황 때문에 자유를 희생제물로 바치는 걸 받아들일 사람이 어디 있겠는가. 그만큼 우리는 자유의 이념에 너무도 긴밀히 얽혀 있다. "환경보호냐 방임이냐"가 최후통첩이 될 수는 없다. 지구가 자유의 힘을 당할 재간이 없기 때문이다. 물론 예전처럼 자유에 대해 생각하고 실천할 수 없다는 건 틀림없지만 자유를 완전히 포기할 수도 없다. 자유의 통념적인 의미를 배반하는 한이 있더라도 나는 자유의 이념에 충실한 신하로 남아야 한다. 자유를 찢어 없애기보다는 새로운 자유의 왕국을 세워야 한다.

나는 이 섬의 흙 위에 내 자유를 정초시킬 수 있다고 진심으로 믿는다. 오늘 나의 자유가 이 해변의 지층들 사이에서 눈에 띄었다 해도 그 확정된 의미가 돌에 새겨져 있는 건 아니다. 자유에 관한 하나의 사상이 특정한 어느 시대에 헤게모니를 잡았다 한들 그 해석이나 경험들은 역사를 통해 여러 모습으로 드러나곤 했다.[2] 그런데 오늘날 우리가 가지고 있는 자유의 지배적인 관념에 비추어 보면 내가 결국 이 외딴 섬에 피신해온 것도 놀라운 일은

아니다. 자유의 이미지는 그 관념의 거울이기 때문이다. 고전적인
자유주의적 서사에 따르면 자유라는 건 뭔가의 '없음 absence'을
암시하기 때문이다. 자유란 나의 행동이나 공간적 이동에 있어서
외적인 억압과 한정 또는 방해의 결핍을 뜻한다. 자유는 늘
뭔가로 '부터의' 자유, 따라서 뭔가와의 거리두기와 관련이 깊다.[3]

일견 설득력 있는 이미지이긴 하지만 그 누구도 동떨어진 섬일
수는 없다. 사실 할머니에게 배운 것처럼 섬도 섬이 아니다.[4]
엄밀하게 말하면 내 '몸'과 '외적인 억압' 사이의 경계라는 것이
자연스럽기보다는 인위적인 데다 심지어 부정확한 것으로
밝혀지고 있다. 미시생물학의 잣대로 보자면 내 몸과 그 바깥
공간 사이의 '틈'이라는 건 존재하지 않는다. 이른바 홀로바이언트
holobiont, 다시 말해 '전생명체'라는 개념이 제시되면서, 끊임없이
외부로 방출되는 사이에도 사람이 숨 쉬고 움직이며 살아가는데
필수적인 유기체들 자체가 사람 몸의 '일부'라는 생각이 자리
잡아가고 있다.[5] 모래사장에 찍힌 내 발자국이 아무리 할머니
말에 따라 섬을 떠나면서 남겨진 것들인들 여전히 섬의 일부인
것과 같은 이치다. 반대로 섬이 내게 남긴 흔적들은 나의 일부가
된다. 그렇게 몸의 기관들과 외부 환경 사이의 구분은 모호해진다.
내 몸과 이 섬의 산소가 분리되어 있지 않고 모래 속의

박테리아도 마찬가지다. 그런 식으로 내 몸은 바로 그 산소들이나 길에서 마주친 박테리아들로 '이루어져' 있고, 마찬가지로 박테리아나 공기 역시 시간 속에서 마주친 나를 포함한 외부 개체들로 이루어져 있다. 결론적으로, 자유를 외부적 억압의 결핍 상태로 규정하면 그런 외부 공간이 존재하지 않으므로 외부라는 '공간 자체의 결핍'이 초래된다. 내 생명활동에 필수적인 개체들과 나를 단절시킴으로써, 또한 나 자신 역시 공간의 구성요소라는 점을 외면함으로써, 위와 같은 자유 개념은 그 '분리된' 공간을 찾아 지구 바깥까지 끝없이 헤매는 방랑 상태가 된다. 몸과 공간 사이에 '한계 limit'를 두는 바람에, 또한 자유를 그 어떤 외부적 억압의 흔적도 없는 공간을 향한 움직임이라고 상상하는 바람에, 섬이라는 땅의 실제 거주여력을 간과하는 '한계없음 limitlessness'이 필연적으로 초래된다. 한편으로 몸과 공간 사이의 한계를 발명해 내니 다른 한 편 움직임의 차원에서 '한계의 결핍'이 도출되는데, 정작 움직임이라는 건 섬의 구체적인 생태학적 삶의 조건 위에서만 펼쳐진다.

두 다리를 딛고 선 모래사장에서 고개를 들어 푸르른 저 바다를 바라보며, 가없는 수평선 너머 열린 공간을 향해 발버둥 쳐봤자 자유가 보장되지 않음을 깨닫는다. 이 몸짓이 공간 자체의 상실로

이어지기 때문이다. 관계의 부재로서의 자유는 서로 '통하며
사는' 개체들을 은폐할 때만 자연스럽지 허공을 맴돌다가 물질의
동일한 존재 조건들을 끝없이 허무는 방향으로 수렴되는 이상
나를 해방시킬 수 없다. 해변을 걸으며 보니 햇빛이 파도 위에서
눈부시게 부서진다. 파도의 일렁임을 만들어내는 것은 물의
에너지이고, 그 에너지는 대개 바람이 가져다주지만 이따금
물속에 사는 동물들이나 사람의 활동 역시 에너지원이 된다.
하다못해 물에다 돌멩이나 나뭇가지를 던져도 햇빛은 반짝인다.
수평선까지 펼쳐진 이 바깥 공간이 아니라면 도대체 어디 가서
나의 자유를 찾으랴.

하긴 공간이라는 게 이처럼 말썽인 시대니 골치 아픈 물질들이
군림하지 않고 도덕성이나 이성만이 있는 관념적인 내적 세계로
탈출하는 게 그럴싸해 보인다. 자유를 객관적인 외부 공간이
아니라 주관적인 내부 영역에 들여놓는 시도를 해 봄직도 하다.
만일 외부 자연세계가 통제불능 상태라면 물질세계 너머에서
자유와 도덕성을 인식해야 마땅할지도 모른다.[6] 그렇다면
내 자율성은 자연의 법칙이 미치지 않는 데서나 가능한 것인가?
자신의 땅을 잃고 황망해하는 할머니와 마주한 뒤로 나만의
내면적 섬에 숨고픈 마음이 절로 들어 물질계와 결별하려고

눈을 질끈 감아 보지만, 객관적 외부 공간과는 달리 이 내면의 단단한 성채 안에서는 자유를 찾아가는 길이 잘 안 보인다. 보이는 거라곤 어젯밤 배의 갑판에 있던 빅터뿐. 빅터는 "하늘에서는 별이 반짝이고 마음속에서는 도덕이 반짝인다"고 감격스럽게 적었던 어느 관념철학자를 언급했었지.[7] 그러나 선창에서 바라본 하늘은 도덕이나 자유와 그렇게 동떨어져 있는 것 같지 않았다. 온실가스로 가득한 저 하늘과 구름, 과연 그런 것들이 내 도덕성과 자유 너머에 있을까? 저기 둥실 떠 가는 문제 덩어리들은 인간종이 누린 그놈의 '자유' 때문에 생긴 거 아닌가. 선실에서 내다보다가 결정론적 자연과 별이 빛나는 하늘은 저 멀리 있고 자유롭고 도덕적인 주체는 여기 마음속에 있다고 구분지을 수는 없다는 생각이 든다. 오히려 도덕성과 자유가 이 섬이나 공기 등 자연과 얽혀 있는 것으로 보인다.

하늘의 정수리에 이른 태양이 해변을 향해 열기를 내리꽂을 태세다. 정오 무렵이다. 살갗을 태우는 한낮의 햇볕을 온몸으로 받으며 내면의 섬이 나를 해방시켜줄 수 없음을 알게 된다. 자유는 자연과 분리할 수 없기 때문이다. 이 세계 너머에서 따로가 아니라 바로 이 세계 '내에서' 자유를 인식할 수 있어야만 한다. 해변을 따라 서둘러 발걸음을 옮기다가 절벽 근처의 바위에 빙 둘러앉아

뭔가 정치적 쟁점 같은 걸 주제로 토론에 열중하고 있는
십여 명의 사람들을 지나친다. 개개인이 모여 '우리', 즉 사회를
형성한다. 다른 이들과의 연계 '안에' 자리매김 시키는 것, 바로
이게 자유의 모델 아닐까? 공동체주의 철학자들 Communitarian
Philosophers은 그렇게 생각한다. 자유란 원만한 사회적 관계를
통해, 또한 사회가 원하는 바른 생활을 영위함으로써
가능해진다는 것이다. 뭔가와의 거리두기, 또는 내면 깊은
곳에 침잠하기가 아니라 다른 이들과의 도덕적 관계 속에서
자유를 찾는 일, 의존관계를 끊는 게 아니라 상부상조함으로써
자유로워진다는 걸 깨닫는 것. 시공간의 '바깥'이 아니라 언제나
사회와 역사 안에서, 무관심이 아니라 오직 '개입 engagement'을
통해서만, 순수함 대신 기본적인 관계 속에서 자유는 찾아진다.[8]

사회 안에서 다른 이들과 더불어 자유를 찾아야 한다는 생각은
옳다고 본다. 문제는 내가 이 철학자들처럼 사회를 사람들만의
공동체로 인식하지는 않는다는 점이다. 그들에게 자유는
살아있는 존재들 사이의 만남에서 비롯되고 공통의 바른 생활을
만들어냄으로써 실현된다. 하지만 '사회'와 '자연' 사이에 또
다른 한계를 둠으로써 수많은 생물 개체와 군집들이 사람과
얽히고설키며 함께 구축하고 해체하기도 하는 생활 윤리와

공동선을 배제한 채 자유의 실현을 사람들만의 일로 국한시킨다. 이 섬에서만 해도 여태까지 여러 타인들과 생명체들이 윤리적 문제를 내게 제기했고 양심적 행동을 요청하지 않았나. 물론 말을 꺼낸 건 그 할머니였지만 해안선이 사라지고 해수면이 상승하니까 할머니가 그런 말씀을 한 것이다. 오늘날 이 섬의 사회와 윤리 공동체를 보자. 주체적으로 행동하는 사람도 있지만 그에 더해 물, CO_2, 곤충, 동물, 숲, 해초, 공기, 흙, 땅 등 무수한 존재들이 윤리적 개입과 양심에 따른 반성을 자기 나름의 방식으로 촉구하고 있다. 더욱이 이 존재들은 각자의 존재방식 속에서 자율적이다. '그들 또한' 공간을 구성하고 있으며 자연의 보편적 법칙 따위는 아랑곳없이 자신만의 경로를 떠다니며 흔적을 남기고 또한 남겨진 흔적을 따라가고 있기 때문이다.[9]

배 두 척이 가까워진다. 아이들이 서핑보드 위에서 돌을 던지며 장난을 친다. 그들의 오른편에 떠 있는 플라스틱병 하나가 모래사장으로 밀려왔다 다시 나가길 반복한다. 나의 자유는 사람들 사이의 상호주관적인 관계만으로는 성립되지 않는다. 자유는 지구의 흙에 뿌리를 내려야 하고 나와 더불어 살고 있는 온갖 종류의 지구 동료들과 어울려야 하며 길 위에서 만난 지상의 모든 것들, 내게 도덕적 딜레마를 깨닫게 하고 양심에 따른 행동을 요청하는 그것들과 협의해야만 한다. 자유를 돌려받으려면 무수한 개체들로 구성된 이 사회에 참여해야 한다. 또한 온갖 형상을 띤 채 존재하면서 내 목숨을 부지할 수 있게 해주는 뭇 존재들과 깊은 대화를 나누고 모든 면에서 그것들을 돌봐야 한다.

재건된 왕국이 멸망하지 않도록 하기 위해서는 온갖 생명체와 비생명체 모두를 향해 왕국의 문을 열어야 한다. 성으로 들어가는 열쇠를 되찾기 위해서는 갱신된 소유권에 관한 이해가 있어야 한다. 도를 넘는 행동으로 외려 그것들을 잃어버릴 수 있기 때문이다. 내 자유를 돌려받으려면 모든 인간, 비인간과의 결합 관계를 돈독히 함으로써 자율적 결정권 내지는 일종의 이종 자율성 hetero-autonomy 을 우리 모두 누릴 수 있도록 해야 한다. '다른 이와 함께 하는 나의 존재 being-myself-with-another'가 됨으로써 누리는 자유가 바로 이것이다. 물론 그 '다른 이'에는 지금까지 이 영역에 낄 수 없었던 삼라만상이 포함된다.

지구의 거주조건이라는 상황 '안에' 나의 자유를 놓는 일, 몸과 공간, 사람과 사람 아닌 것, 자연과 사회의 '한계'를 허무는 일을 통해 나의 자유는 '무한'의 미궁에 빠지지 않게 된다.

풍경

낭떠러지 근처의 돌 위에 앉아 수평선 위에 떠 있는 항구 쪽을 바라보는데 문득 내 생각들이 단편적이라 여겨진다. 단지 직감적인 것들이라 사이사이에 많은 연결고리들이 필요하다. 허나 만일 이런 식으로 설계도를 따라 생각을 더 발전시키고 구체화한다면 내 자유를 되찾을 수 있을 것 같다는 생각을 지울 수 없다. 그러나 멸망했다가 하룻밤 만에 재건되는 왕국이 어디 있으랴. 그렇게 자유를 되찾는 일이 가능할지는 몰라도 이 '느낌'을 바로 구체화하기는 힘들다. 다른 가치도 마찬가지겠지만 새로운 자유의 가치가 경험 수준에서 실제 울림을 갖도록 하려면 시간이 들고 훈련과 돌봄이 필요하다. 정서적 영역에서 생각을 발전시킬 수는 있겠지만 바로 지금 여기에서 그걸 경험할 수는 없는 노릇이다. 자유란 인지적으로 인식되는 게 아니라 탄탄하게 구성된 공동체에서 참여를 통해 실제로 경험되는 것이다. 그러니 이 섬에는 아직 자유가 존재하지 않는다. 지금 여기에서 자유를 누릴 수 없다면 그것은 이 섬과 섬 안의 모든 것들이 아직 무질서하기 때문이다. 내가 계속 이렇게 심난한 건 내 낡은 자유가 이미 시효를 다했다는 생각 때문이기도 하지만 여전히 암중모색 중이기 때문이기도 하다. 나의 해방은 아직 존재하지 않는 구도 속에서만 가능하니까.

나와 할머니의 상실은 각각 동떨어진 사안이 아니라 한 이야기의
양면일 뿐이다. 나의 자유는 이 섬이 조금씩 사라져가기를
그쳐야만 가능한 것이다. 일어나서 주위를 둘러보니 할머니는
벌써 까마득히 멀리 있다. 자유의 찬미에 골몰하느라 해안을
따라 백여 미터는 족히 걸었나 보다. 증거는 명확하다. 출구는
없다. 그런데 나는 여전히 할머니도, 해수면 상승도 해안선
침식도 없는 곳으로 탈출하고 싶어 한단 말이다. 갑자기 숨이
턱 막히고 떨리면서 몸이 휘청한다. 항구로 돌아가 배에 다시
오르면 어제처럼 마음의 평정이 되찾아지려나 싶어 가는 길을
찾아보는데 이 해변에서는 어째 길이 잘 안 보인다. 할머니를
다시 마주칠까 봐 가파른 절벽을 기어 올라가다가 보니 몇 미터
안 가서 갑자기 길이 뚝 끊어진다. 막다른 길이었다. 왼쪽으로
고개를 돌리니 표지판에 치안 책임자 명의로 된 출입통제 문구.
빈발하는 산불 위험 때문에 여러 군데 출입통제가 이루어지고
있다. 흡연도 불법이다. 긴장을 좀 가라앉히려고 담배를
피워볼까 하던 참이었다. 담뱃불을 붙이면 벌금을 물어야 한다.
캠프파이어나 캠핑도 금지되어 있다. 매년 광활한 넓이의 숲에
산불이 나 땅과 생물들이 잿더미가 될 위험에 직면해 있다. 여름

내내 캘리포니아, 그리스, 호주의 넓은 숲이 사라졌다. 섬에
산불이 나서 연기 때문에 숨이 막히고 하늘이 시뻘겋게 물들
위험이 해마다 높아지고 있다. 비가 적게 오고 바람이 드세지며
그 어느 때보다도 숲이 건조해지고 있는 상황에서 관광객의
부주의와 기후변화, 기온상승 등이 화재를 더욱 부추긴다.

출입금지 표지판과 울타리가 역설적으로 보여주는 것이 있다.
사람 발길 안 닿은 땅은 없다는 것, 황무지라도 가만 놔두는 법은
없다는 것, 결국 순수한 자연 상태라는 건 없다는 사실. 토지는
언제나 변경되고 모양이 바뀌고 상처 입고 찢어진다. 절벽 쪽으로
질러가기가 힘드니 몸을 돌려 다시 바다 쪽을 본다. 저 멀리
육지와 할머니를 향해 번갈아 눈길을 돌린다. 아직 절벽 밑에
할머니가 있는 게 까마득하게 보인다. 아마도 나의 일면적인
손해보다 할머니의 손해에 얽힌 사연이 더 복잡할 것이다. 할머니
역시 다른 섬사람들처럼 섬을 파괴하는 나 같은 관광객들에
의존해서 생계를 이어갔을까. 그랬을 확률도 없지 않다.
골칫덩이들이 내가 무슨 짓을 하든 나를 따라다니는 이 난감한
상황과 똑같이, 할머니 역시 생존과 파괴, 이득과 손해 사이에서
풀리지 않는 수수께끼 같은 덫에 걸려 있는 상황일 것이다. 계속
그렇게 하면 후손에게 물려줄 섬이 사라질 걸 뻔히 알면서도

섬의 경제적 이권을 통해 먹고 살 수밖에 없는 처지라면 멀쩡한 사람이라도 돌아버리지 않겠는가.

할머니를 먼발치서 보는 것도, 망망대해를 보는 것도 왠지 감당이 안 된다. 뭉게구름 두어 덩이가 떠 있고 네 마리의 갈매기가 무리 지어 날아간다. 날아가는 새들을 눈으로 따라가 보려고 해봐도 감각이 둔해졌는지 영 힘들다. 시야가 너무 협소해져서 사물 파악이 잘 안 되는 걸까. 시력이 무뎌지더니 급기야 사물에 대한 이해력이 사라져버린 건가. 지금 내가 걷고 있는 땅에 대한 감각을 잃어버리니 또다시 방향감각을 상실한 느낌이 찾아든다. 몸과 마음을 추슬러 좀 진정시켜 보려고 하는데 그놈의 현기증이 다시 시작된다. 나침반 하나 없이 절벽 근처에 멍하니 서서 땅과 바다, 물과 불 사이에 옴짝달싹 못하고 붙들려 있는 기분이다. 예전에는 지도에 표시된 곳들을 기준 삼아 길을 찾아갔으나[1] 가방을 열어 헤진 지도를 펼쳐봐야 별로 쓸만한 좌표가 없다. 360도로 겪는 전방위적 어지럼증. 지도를 이리저리 돌려서 눈앞에 펼쳐진 섬의 지형과 지도의 묘사를 맞춰보려 하지만 더 이상 눈에 안 들어온다. 지도와 땅을 번갈아 보면서 막다른 길, 굽은 길 등을 확인해 봐도 도통 맞아떨어지지를 않는다. 지도는 실제 지형을 본뜬 '윤곽선 extension'일 뿐 그 '지세 intensity'를 나타내지는 못하므로 지도를

보는데도 실제 지형이 지시되는 건지 잘 모르겠다.[2] 다양한
존재들이 겹겹이 조우하며 지표를 이루는 이른바 '임계영역 critical
zone' 같은 것이 그려져 있지 않은 것이다.[3] 임계영역은 암석,
토양, 물, 공기 및 생물체와 관련된 복잡한 상호작용이 일어나는
지표환경인데, 지도에는 임계영역에서 드러나는 종의 감소나
생물의 다양성 내지는 거주여력 등이 기록되어 있지 않다.[4]
티탄의 후손인 아틀라스가 평생 떠받치고 있던 하늘이 어깨에서
굴러떨어져 내 앞에서 박살나버린 느낌이다. 사실 내게 정말
필요한 건 바로 이 아틀라스다(저자는 아틀라스 Atlas를 그리스 신화에
나오는 신이자 '지도책'이라는 뜻을 지닌 중의적 낱말로 활용하고 있다. - 옮긴이).
멸종과 사라진 지역이 기록된 채 아틀라스의 어깨 위에서 박살난
바로 그 지구본 말이다.[5] 불행히도 빅터가 준 지도에 이런
지형도는 없었다.

나는 다른 방도가 없다는 걸 깨닫고 발길을 돌려 절벽 쪽으로
가서 출입금지 지역을 침범한다. 걸음을 옮길 때마다 메마른
나뭇가지들이 발에 밟혀 부러진다. 잰걸음으로 통제구역의
숲속을 몇 미터 가기도 전에 나를 불러 세우는 다급한 목소리가
들린다. 나무 사이로 나타난 한 남자가 나에게 다가오자 나는
겁에 질린 채 웅얼거린다. 길을 잃은 거 같아요… 도대체 여기가

어딘지… 방향도 모르겠고… 특별히 수상한 낌새도 없고
이 지역에 초행인 것 같아 보였는지 그 남자는 내게 항구로 가는
길을 찾아준다.

로랑 Laurent이라고 했다. 30대 후반에 키가 크고 머리가
치렁치렁한 로랑은 햇빛에 그을린 피부를 지녔다. 청년에서
장년으로 넘어가는 얼굴이다. 고향은 육지지만 15년 전부터
이 섬에 살고 있다. 섬의 환경미화 담당 공무원으로 도로와
공원을 청소하고 일일이 정비하는 복합 임무를 수행하고 있다.
직업이 직업인지라 이 섬의 지형을 토박이들보다도 더 훤히 알고
있다고 한다. 섬에서 모르는 사람이 거의 없을 정도죠. 로랑의
말이다. 직업상 인적이 드문 산책로나 도로를 다니기도 하지만
섬사람들의 소소한 일상과 다툼, 걱정들을 누구보다도 잘 알
수밖에 없다. 말하자면 로랑은 포르크롤 섬의 사회 기반 시설과
일상의 조각보, 그 모두를 알고 있는 사람이다. 로랑의 도움으로
통제구역에서 벗어나면서 나는 드디어 인도자를 만났구나
하고 직감한다. 베르길리우스 Virgilius가 단테 알리기에리 Dante
Alighieri를 인도하듯, 로랑이 나를 인도하여 이 '미지의 땅 terra
incognita'을 탐험하고 마침내 방향감각을 되찾도록 도와줄 것 같은
예감이 든다(단테는 신곡의 '지옥편'에서 베르길리우스의 안내를 받는다 –
옮긴이).

로랑의 도움으로 항구로 돌아가면서, 내 예감이 맞았구나 싶어진다. 길을 걸으며 로랑은 이 섬의 생태 및 생활환경을 좔좔 읊어나간다. 걱정이나 심란함 같은 속사정을 털어놓지 않았는데도 내가 중심을 못 잡고 헤매고 있다는 걸 알아챘거나 아니면 그의 염려가 그냥 나와 맞아떨어졌거나. 아무튼 로랑은 조금 전 내가 그랬듯 먼 바다 쪽으로 눈길을 돌리며 급격한 기후변화와 기온 상승으로 해수면이 올라가고 해안이 침식되어 해변이 점차 사라질까 봐 걱정이라고 말한다. 그의 설명으로는 이런 현상이 포시도니아 Posidonia 해초가 줄어들면서 더 빠른 속도로 진행된다는 것이다. 포시도니아 해초는 해변을 침식으로부터 보호하고 모래사장 주변 생태계를 보존하는 데 중요한 역할을 해왔다고 한다.[1] 여기까지는 나도 알고 있는 대목이다. 그런데 기후변화가 야기한 침식이 섬 주민의 삶에 필수적인 식수원까지 타격을 입히고 있다는 건 몰랐다. 바닷물에 잠기는 지역이 늘어나면 식수로 쓸 수 있는 물이 오염될 수도 있다는 것이다.

잠시 침묵이 지속되다가, 로랑이 갑자기 한숨을 쉬며 정말 안 좋은 건 이미 깨끗한 식수가 모자라기 시작한다는 거죠, 라고 덧붙인다. 벌써 간당간당해요. 하루에 두 번, 물 부족을 막기 위해 육지에서 수천 리터의 물을 가득 실은 탱크 선박이 여객선들 사이로 섬에 드나든다고 한다. 그것 가지고도 감당이 안 될 때가 있다. 몇 해 전 7월, 찌는 듯한 더위와 너무 많은 관광객들 때문에 물이 뚝 끊긴 날이 있었다는 것이다. 이제 먹을 물도 없다니. 섬의 유지를 위한 가장 기초적인 물질적 조건의 하나가 무너져 내린 게 아닌가. 산불이 숲을 잿더미로 만들면서 공기가 탁해져 숨을 못 쉬게 되듯, 감당할 수 없는 기온 상승으로 인해 섬의 농작물이 타격을 입는 데다가 대규모 관광사업으로 인해 물마저 부족해지는 것이다.

로랑에 따르면 이에 대한 주민과 관광객의 반응에는 공포와 한탄과 짙은 냉소가 묘하게 뒤섞여 있었다고 한다. 사람들은 두려움과 백기투항, 그리고 자책 사이를 깜박이며 오가는 배와도 같았다. 지중해의 낙원에서 식수가 부족하다니 도대체 말이나 되는 소린가.

정작 물 부족을 자초한 관광객들이 겁먹는 걸 보고 섬사람들은 안도의 한숨을 쉬었겠네요. 나는 이 말을 어떻게 돌려서 할까 하다가 로랑의 말을 끊고 내 표현 하나가 먹히는지 시험해 보기로 한다. 말하자면 섬의 물이 식민화된 colonized 거군요. 로랑은 그렇다고 맞장구를 치며 비꼬는 투로 이렇게 덧붙인다. 당장 물이 바닥나 버리면 차라리 후련할 텐데 하루아침에 그럴 것 같지도 않고…

몇 시간 전의 그 자갈길에 이를 즈음 여름휴가 차림을 한 사람들이 떼거지로 우리를 지나쳐 해변 쪽으로 간다. 그들 사이를 아랑곳없이 거슬러 가던 로랑이 설명하기를, 관광객을 실은 여객선이며 요트 같은 수많은 배들이 항구에 정박할수록 배에서 버린 하수보다 더 많은 바닷물이 섬 주위에서 오염된다는 것이다. 다른 해안지대도 마찬가지겠지만 포르크롤 섬 주변도 수질이 점점 나빠지고 있다고 한다.[2] 겉으로는 반짝이는 쪽빛 바다지만 생물다양성이나 생태계는 위험에 처해 있고 근처 해저 생물들은 죽거나 다른 곳으로 피난을 가버렸다. 로랑은 수질 보호를 위한 낚시 금지법이 몇 년 전에 생겼지만 사실 섬 주변에 물고기도 별로 없다고 털어놓는다.

교차로에 이르러 떼 지어 있는 관광객들을 또 만난다. 로랑이 가리키는 표지판 쪽으로 섬의 오른편 경로를 따라가면 관광객들이 가장 많이 찾는 '은모래 해변 Plage d'Argent'이 나온다.

그런데 정작 주민들은 거기를 더 이상 그렇게 부르지 않고 '포도구균 해변 Plage Staphylococcus'이라고 부른다. 성수기에 물속의 박테리아가 위험할 정도로 증가해서 물을 탁하게 만든다. 은에서 박테리아로… 도대체 이건 무슨 화학적 변화란 말인가.

갑론을박

몇 번, 로랑이 아는 사람들을 만나 이야기하느라 가던 길을 멈춘다. 하나같이 섬 생태계를 걱정하는 기색이다. 특히 관광객들이 섬의 거주여력에 악영향을 미친다고 입을 모은다. 과도한 수의 방문객들 때문에 생물다양성이 위협받고 있다는 우려는 예전부터 있었다. 사실 섬 주민의 삶을 보존하기 위한 투쟁을 빼놓고 이 섬의 역사를 거론할 수는 없다. 섬을 매각할 당시 푸르니에의 후손들은 이 섬의 자연경관이 개발에 훼손되지 않고 그대로 보존되기를 희망했다. 그래서 이들은 여행사의 제안을 마다하고 더 싼 가격으로 프랑스 정부에 섬을 매각한 것이다. 포르-크로 국립공원의 일부가 되어 이른바 '해양보존지역 Marine Protected Area'으로 지정되긴 했어도 엄청나게 늘어난 방문객들이 남기는 파괴의 손길을 피할 수는 없었다.

로랑은 섬의 경관과 생물다양성 훼손에 대한 우려가 지역 내 여러 이해당사자들의 무수한 갑론을박으로 이어졌다고 설명해준다. 섬 주민, 과학자, 사업가, 관광객, 정치가, 공무원, 국립공원 관리자, 변호사, 여행사 직원, 그리고 섬에 사는 비인간 존재에 이르기까지

서로 자기 방식과 전망대로 섬을 변화시킨답시고 대립하고 편을
갈라 으르렁대며 적대감을 키웠다.[1]

도대체 무엇 때문에 그렇게들 싸웠냐고 물으니 로랑이
손가락으로 아래를 가리킨다. 바로 이놈의 땅, 우리가 두 발
딛고 서 있는 땅 때문이라는 것이다. 더 구체적으로는 얼마나
많은 관광객을 받을 수 있느냐에 관해 의견이 분분하다고
한다. 주민들은 대부분 관광업을 어느 정도 용인하는 입장이다.
관광객들은 좋은 수입원이기도 하지만 섬의 빼어난 경관에
대한 주민들의 자부심도 무시할 수는 없다. 분명 로랑도
관광산업이 자연경관과 종다양성의 보호를 더 일깨워준 면이
있다고 인정한다. 그러나 최근 무분별한 관광개발로 초래된
생태학적 사회적 훼손의 폐해가 드러나자 마을 공동체 사이의
대립은 새로운 단계로 접어들었다. 로랑에 의하면 요즘 이 섬은
관광개발을 지속, 팽창시켜 계속 수익을 내도록 하자는 편과
관광개발을 좀 제한하여 섬의 자연경관과 종 다양성, 나아가
생태계를 보존하자는 편, 이렇게 두 편으로 쩍 갈라져 있다고
한다.

아침에 지나쳤던 벽돌집 마을에 이르자 로랑이 자콥Jacob이라는 친구를 소개해 준다. 진짜 포크롤 사람은 함부로 쓰레기를 버리지 않는다, 자콥은 어렸을 때 그렇게 배웠다고 한다. 자기 또래 친구들은 어려서부터 자콥의 말마따나 '환경에 대한 자각 ecological consciousness'을 마음에 품고 자라왔다는 것이다. 그런데 요즘 들어 섬이 안팎으로 타격을 입고 있음을 절감한다고 한다. 관광객들도 싫긴 하지만 그들 잘못도 아니고 사실 섬 안에서 마구잡이 관광산업으로 직접 이득을 챙기면서 섬의 보존은 나몰라라 하는 부류가 더 미워, 자콥이 털어놓는다. 뭐 변한 게 있다고 호들갑이야? 내 눈에는 예전이나 지금이나 똑같은데? 심지어 이러는 축도 있다는 것이다. 여기저기 쓰레기 더미들은 널려 있지, 공기도 물도 오염됐지, 식수도 부족하고 동식물은 점점 줄어들고… 그런데 어떻게 그런 말을 해요. 자콥의 푸념이다. 물론 그들도 먹고살아야 한다는 건 이해하지만 눈이 삐었어? 다른 존재들이 눈에 안 들어오나? 사태가 더 악화되고 있다는 걸 어떻게 부정할 수 있느냐는 것이다. 자콥이 한때 섬의 관광개발에 앞장섰던 자기 아버지를 나무란다. 아, 이전 세대 어른들과 사이가 안 좋기는 여기도 마찬가지로구나.

할머니에 관해서는 내가 틀렸을 수도 있겠다 싶다. 할머니는 선택을 망설이고 있는 게 아니라 갑론을박의 대립 와중에 이미 자기편을 고르지 않았을까. 그래도 내 직감이 완전히 틀린 건 아니다. 이 섬에는 확실히 '편가름'이 존재한다. 한 편은 경제적 활용에 방점을 두고 있고 다른 편은 섬 지역을 보존해서 실존적인 차원까지는 아니더라도 사회적 차원에서 섬의 생태적 거주여력을 지켜내는 데 방점을 두고 있다. 한 마디로 섬을 '경제적으로 활용 economize' 하려는 축과 '생태적으로 보존 ecologize' 하려는 축이 대립하는 것이다. 자콥과 작별하고 나서 로랑은 포르-크로 국립공원 당국이 이러한 분쟁을 종식시키기 위해 섬의 개발과 보존 두 측면을 공통으로 만족시킬만한 관광객 '수용가능성 carrying capacity'의 구체적인 측정을 위한 합동 타당성 조사를 2016년부터 진행 중이라고 일러준다.[2]

이것은 단지 지자체 수준의 정치 행위가 아니라 땅과 땅의 모습에 관한 보다 큰 정치다. 땅의 수용가능성을 측량함으로써 또 다른 문제제기들이 가능해진다. 하나의 생산활동을 보다 넓은 재생산 과정에 어떻게 편입시킬 것인가? 생산활동은 어느 지점에서 반생산적 counterproductive이 되는가? 생산활동이 '위험을 잉태하지 않고 endanger' 섬을 '품고 가려면 engender' 어떻게 해야 할까?[3] 한 지역과 거기 사는 수많은 식구들의 차림새와 감당할 만한

'능력치 capacities'가 예전 같지 않음이 드러나고, 인간 비인간을
모두 살리는 방향으로 '안고 갈 carry' 방도가 있는지 쉽사리
찾아지지 않는 시대다. 바야흐로 사물을 다른 잣대로 '가늠하는
weighing' 사고가 절실하게 필요해진 것이다. 이를 조사하러 나선
국립공원 당국은 어떻게 살 것인지를 두고 섬에서 벌어지는
갑론을박을 중재하려고 한다. 그러나 아직 이 작업이 성공한 것
같지는 않다. 로랑에 따르면 관광산업에 약간의 규제가 부과되긴
했지만 섬의 안정을 위해서는 갈 길이 멀고 오히려 싸움이 커지고
있는 중이라는 것이다.

이 상황에서 바로 그 '다른 잣대'를 가져다준 사건이 팬데믹이다.
관광산업의 악영향이 요 몇 해 더 가시화되긴 했지만 끈질기게
이어진 격리의 시대만큼 큰 규모로, 인간 비인간 할 것 없이 섬
식구 모두에게 확연히 드러난 적은 없었다. 몇 달 동안 지나가는
배 한 척 없었고 섬을 방문하는 관광객은 씨가 말랐었다. 그들이
없으니 쓰레기도 사라졌고 공기는 다시 맑아졌으며 아침은
예전의 평화를 되찾았다. 바다에는 물고기가, 흙 속에서는 벌레가,
하늘에는 새가 넘쳐났다. 식수가 모자라는 법도 없고 바닷물이
깨끗해지면서 종 다양성도 되찾아졌다. 로랑은 딸과 함께 섬의
절벽 쪽으로 산책하러 갔다가 분홍빛 플라밍고를 본 어느

아침을 기억한다. 그들이 목격한 것은 '생물 다양성의 복원과정 regenerative process of different lifeforms'이었다. 섬 안에 숨어 있던 다양한 생물들이 은둔을 끝내고 외출한 것이다. 섬의 '생산 체계 system of production'가 잠시 멈추자 이게 얼마나 '파괴 체계 system of destruction'였는지가 드러나게 되었다.[4] 섬의 모습이 달라졌고 황폐화와 침식이 아니라 재생과 치료로 방향이 바뀌었다. 끊어진 고리가 다시 이어졌고 손상된 연결이 정비됐다. 사라져 가던 옛 모습을 되찾는 와중에도 이 섬이 완전히 고립된 건 아니었다. 여전히 식량, 의약품, 물, 연료, 그리고 사람들이 매일 같이 섬에 도착했다. 대신 외부와의 관계가 일정한 수준의 '양, 형식 내지는 규모 measure, format or scale'로 유지되었기 때문에 사람 빼고 다 죽는 게 아니라 사람을 포함한 모든 식구들의 재생산이 가능해진 것이다. 그러다가 여행 제한이 풀리고 관광객을 가득 실은 배가 항구에 도착하니까 바로 물고기들이 사라지고 공기가 탁해져 숨쉬기가 힘들어졌다. 또다시 섬은 쇠퇴의 길을 걷는 중이다.

도대체 이건 뭘 걸고 하는 도박인가? 이 섬이 경제적으로 성장하면 섬 자체가 피폐해진다.[5] 이 섬은 로랑의 섬, 더불어 사는 생물들의 섬, 그가 마시는 물의 섬이다. 나아가 그의 주민등록등본이 있고 등기된 토지가 있는 섬이다. 그런데

'나'를 포함한 외지인들이 관광한답시고 와서 섬을 털어가서야 되겠는가. 그의 공간이 약탈당하는 중. 로랑이 터를 잡고 사는 땅, 마시는 물, 숨 쉬는 공기, 농장, 그 밖에 그와 더불어 사는 무수한 비인간 동료들, 이 모든 것들이 약탈당하는 중.

자동차나 쓰레기로 인한 오염이나 주차장 부족, 해안선 침식 등 로랑의 이야기는 모두 영토 식민화 territorial colonization가 어떤 유형으로 이루어지는지를 증언한다. 갖은 티를 다 내며 이 빛나는 섬을 '사는 데 쓰느라 live off' 무수한 존재들이 어울려 사는 터전을 거덜 내는 또 다른 사람들이 있는 것이다. 이 섬에서 너무도 당연했던 것들이 다 연기처럼 사라져가고 있다.[6]

섬의 남쪽 끝으로 가자 파도치는 절벽 밑에 숨겨진 동굴 입구가 나온다. 먼 옛날 해적들이 노획한 물건들을 숨겨 놓던 곳이다.[7] 요즘에는 페트병, 비닐봉지, 와인병, 담배꽁초 할 것 없이 온갖 쓰레기가 기름 범벅으로 조류를 타고 흘러와 절벽을 때린다. 보물과 오물 treasures and trash이라. 바야흐로 옛 문명은 사라지고 섬을 누비며 열매를 훔쳐먹는 새로운 해적이 나타나 공포의 대상이 되고 있는 형국이다.

투쟁

한 시간쯤 지났나. 섬길 따라 걷다 보니 어느덧 항구다.
한적하던 아침의 항구와는 완전 딴판으로, 몇 시간 안 지났는데
야단법석이다. 식당, 아이스크림 가게, 기념품점, 자전거, 사람들,
아우성 소리, 쓰레기와 스모그, 먼지, 땡볕과 푹푹 찌는 더위…
풀이 죽어 로랑을 바라보니 한숨 쉬며 어깨를 으쓱한다. 그에게는
그냥 평범한 여름 오후의 일상적인 풍경일 따름.

로랑은 일하러 나가기 전에 한잔하자며 제일 멋진 부두 바로
맞은편에 있는 카페 코테 포르 Café Côté Port로 나를 안내한다. 눈이
부셔 손으로 햇빛을 가리고 보니 바로 30미터 앞부터 까마득히
먼 곳까지 고급 요트를 비롯한 선박들이 줄지어 정박해 있는
게 보인다. 수십 년 동안 이 섬은 프랑스의 정치인, 저명인사 등
상류층 인사들의 단골 휴양지였다. 8월에는 섬 근처의 대통령
휴가지를 찾은 에마뉘엘 마크롱 프랑스 대통령이 언론에 떡밥도
줄 겸 워터 스쿠터를 타고 포르크롤 만을 돌기도 했다. 같은
시기에 세계 최고의 부자로 꼽히는 베르나르 아르노 Bernard
Arnaut 루이뷔통(LVMH) 회장도 길이 100m에 달하는 초호화

요트 '심포니'를 이끌고 선원 38명과 함께 섬을 방문했다. 옆 테이블에는 가족 동반으로 온 소설가 델핀느 드 비강 Delphine de Vigan이 햇빛을 가려주는 파라솔 밑에 둘러앉아서 음료를 마시며 책을 읽고 있다. 이런 걸 보면 파레토 Pareto(이탈리아의 경제학자. 이른바 '파레토 최적'이라는 개념이 유명하다. 시장 구성원들을 만족시킬만한 최선의 상태를 경제학적으로 규명하고자 했다. ─ 옮긴이)나 마르크스, 부르디외 Bourdieu 같은 사람들이 헛소리만 하다가 죽은 건 아닌 모양이다. 이 섬만 봐도 정치경제학적, 문화적 계급 유형들이 빤히 드러나기 때문이다. 그러나 그 누구도 지금 바로 여기서 펼쳐지고 있는, 섬의 영토와 거주여력 탈환을 위한 '지구사회적 geo-social' 계급투쟁을 정확히 묘사할 만한 서사를 제시하지는 못하고 있다.[1]

사라져가는 거주지역의 회복을 둘러싼 섬 내부의 투쟁에 있어서 정치권력, 문화 수준, 경제적 관계 등에 따라 명확하게 나뉘는 계급들을 단순적용할 수는 없다. 오염된 물과 공기, 해안선 침식, 섬을 잿더미로 만드는 산불 등을 보면 사회문제가 환경문제와 얽혀 있고 사회적 대립은 생존을 위한 근본적 조건 회복에 초점을 둔 투쟁으로 탈바꿈된다. 이 섬에서 내가 관찰하고 배운 건 바로 그것이다. 섬 토지의 재생산 수단을 둘러싼 투쟁, 생존에 필수적인 거주조건의 보장 방식을 둘러싼 투쟁 등이 늘어나면서 새로운

양상의 계급투쟁이 일어나고 있다는 것.² 물론 나도 재생산
주체에 관한 내용이 마르크스의 계급투쟁 이론에서 한 부분을
차지한다는 걸 기억하고 있다. 그런데 이 주체는 '생산 체계
system of production', 즉 계급 형성이 일어나는 물적 토대의 내부에
국한된다. 반면에 이 섬에서 벌어지는 일을 보면 '생산이 더 이상
재생산을 보장하지 않을 수 있음 production no longer seems to secure
reproduction'이 드러난다. 보장은커녕 생산이 섬의 근본적인 거주
여력을 공격함으로써 오히려 섬 사회의 지속적인 생계유지와
재생산을 '파괴 destroy'한다. 이 땅에서는 생산이 더 이상 섬을
품지 않고 engender 위험을 잉태한다 endanger.

문제가 이렇게 끊임없이 나타나는 건 생산 체계가 초토화 체계
system of devastation로 변질되었기 때문이고, 그렇다면 우리는 사회
공동체와 구성원들의 지속적 생존이라는 문제를 근본적으로 다시
봐야 한다. 생산 '때문에' 땅이 사라지는 지경이 되면 생산이라는
개념 자체를 '넘어선 beyond' 새로운 재생산의 물적 토대가 나타날
것이고 그에 따라 새로운 계급적 제휴가 형성될 것이다. 섬의
땅과 흙과 물이 공격당해 위태로워짐에 따라 새로운 계급들이
등장한다. 그 계급이 바로 '지구사회 계급들 geo-social classes'이다.
이 계급들은 생산수단과의 관계를 토대로 형성되지 않고 땅, 기후,

공기, 연료, 흙, 식량, 물, 곡물 등 삶의 필수적 영토 조건에 대한
적대적 관계에 기반하여 형성된다.[3]

이 계급들의 집단적 이해관계의 토대에는 경제적 지위가 아니라
영토적 지위가 있다.[4] 이들의 계급구성은 특이하다. 로랑과 자콥,
그리고 해변에서 만난 할머니는 경제적 지위도 다르고
문화자본의 측면에서도 분명 다르지만 영토적 제휴라는
측면에서는 한 편이다. 그들의 우려에는 미세한 편차가 있지만
공통된 손실을 입었으므로 땅과의 관계에서는 같은 처지다.
그들은 섬의 환경적 지속 수단에 관해 함께 염려한다. 또한 자신의
영토와 그 거주여력의 지속가능한 보존을 둘러싼 대립에, 땅을
점유하고 관광산업을 계속 육성하고자 하는 이들과의 투쟁에
다 같이 개입되어 있다.

이 투쟁이 단순히 '생산수단의 탈환 taking over the means of
production'을 뜻하지는 않는다. 꼭 재생산을 '위한' 투쟁 같아
보여도 사실 이 투쟁은 생산활동에 '반대하는' 투쟁이다.
생산활동이 섬을 없애버리기 때문이다. 이 투쟁은 생산 동력의
통제와 관련된 대결도 아니고 생산으로 얻어진 소득의 분배를

둘러싼 대립도 아니다. 이 투쟁은 생산의 '규모 scale'에 관한
투쟁이며, 인간과 비인간 모두의 재생산을 위협하는 생산이
가져올 파괴적 결과의 '분배 distribution'와 관련된 대결이다.[5]

카페 실내를 가로질러 화장실에 가다가 TV를 보니 장–뤽 멜랑숑
Jean-Luc Mélanchon(대통령 후보로 나서기도 했던 프랑스의 좌파 정치인 –
옮긴이)의 연설이 중계되고 있다. 멜랑숑이나 나의 맑시스트
친구들은 노동계급의 착취는 언제나 자연의 전유 appropriation를
수반해왔다고 충고할지 모른다.[6] 설령 이것이 참이라 해도,
로랑의 이야기나 할머니의 탄식, 마을의 적대자를 향한 자콥의
분노 등을 따라가다 보면 이 사태에 관한 그러한 평가는 너무
부정확하다. 바야흐로 새로운 종류의 착취 방식으로서 영토의
사라짐이 대두되고 있는 시대에는 오히려 거주 영토를 둘러싼
대립에 기반하여 새로운 계급들이 형성되고 있다고 봐야 한다.
로랑과 할머니의 사연은 단순히 자본가로부터 노동의 잉여가치를
착취당했다고 하기에는 너무 기막히다. 그보다는 남들이
삶의 터전을 멋대로 차지함으로써 생존 조건의 유지 자체가
잠식당한다는 측면에서 착취당하고 있다고 봐야 할 것이다. 어떤
집단의 생계 수단이 다른 누군가의 생활 터전의 지속가능성을
희생한 대가로 얻어진다는 면에서, 계급 착취가 생산 체계 '내부

within'에서만이 아니라 그 '너머 beyond'로 확장되어 재생산의 영역에서 작동하고 있음을 알 수 있다. 더 이상 착취를 노동의 지위나 '잉여가치 surplus value'의 갈취로 정의하는 것으로는 불충분하다. 대신 착취는 이제 흙 속에 뿌리박고 있다. 삶의 터전에서 기본적인 생계 유지의 조건을 빼앗은 대가로 어떤 집단의 생활이 보장된다면 그것은 '잉여생존 surplus existence'의 전유에 다름 아니다.[7]

계급 이론은 주로 민중이 '무엇'으로 먹고 사느냐, 그들이 생계 수단의 사슬 내부 '어디에' 있느냐, '누구와' 생계 수단을 공유하느냐, 그래서 '무슨' 싸움을 '누구와' 하느냐, 당면한 전망은 '무엇'이냐 등을 중심으로 좌표를 찍어왔다. 그러나 이 나침반은 이제 새로운 좌표를 필요로 한다. 로랑과 할머니, 그리고 섬의 주민들은 더 이상 생산활동의 열매만을 먹어치우며 살지 않으며 그들의 지위가 더 이상 생산 체계 내부에만 있는 것도 아니다. 갈등 또한 생산활동만을 둘러싸고 일어나지 않으며 오직 생산을 향한 불가피한 전진만을 추구하지도 않는다. 이 섬을 포함해 세계 도처에서 새로운 계급적 도상학이 펼쳐지고 있다. 민중은 보다 광범위하게 펼쳐지는 지구적 재생산의 조건을 기반으로 생계를 보장받으며 더 넓어진 생산과정 속에서는 서로 적대적인 상황에

처해 있다. 사회적 투쟁이 펼쳐지는 장은 바로 생계나 거주여력의
조건이며, 그 갈등의 결과가 점차 인간과 비인간의 역사가 거쳐 갈
험난한 여정을 규정하게 될 것이다.

지중해의 섬 포르크롤에 새로운 기후가 조성되고 있다. 영토가
바뀌고 있고 사람들은 다른 방식으로 똘똘 뭉쳐 새로운 해적과
싸우는 중이며 그들과의 새로운 계급투쟁이 전개되고 있다.
정도는 달라도 발 딛고 있는 땅의 상실이 세계 도처에서 감지되고
있으며 그에 대한 대응으로 영토 사수를 위한 싸움을 중심으로
계급들이 연합하고 있다. 이것은 지각변동이다. 그와 더불어
계급의 구성과 모습, 상대적 위계, 집단적 이해관계, 착취의
양식과 투쟁 양상의 탈바꿈이 일어나고 있다. 모이 줍는 서열이
바뀌었다. 이론과 실천 모든 면에서 이제 생산은 재생산에
주도권을 내주어야 한다.

나는 지구가 아프다

땅멀미*

*
이 장의 원문 제목은 책 제목과 같은 'Mal de Terre / Land Sickness'다. 이 표현에는 배에서 내렸을 때
땅이 울렁거리는 '땅 멀미'와 땅이 아픈 상태인 '땅의 병'이라는 중의적 의미가 담겨 있다.
본문에서는 그때그때 맥락에 따라 '땅 멀미', '땅의 아픔' 등으로 번역했다. – 옮긴이

로랑은 카페에서 한잔하자마자 일하러 간다며 자리를 뜬다. 섬의
서쪽에 가봐야 한다는 것이다. 솔직히 그가 먼발치로 사라지는
걸 보며 날 두고 가는 게 야속하게 느껴졌다. 난 또다시 혈혈단신
혼자다. 이 섬의 지도를 새로 그려보던 참이었으나 나는 금세
방향감각을 잃고 라이터를 쓸데없이 만지작거리며 잔망스레 항구
여기저기를 살펴본다. 해가림 모자와 선글라스를 쓴 신부님이
카페 부근 벤치에 앉아 아이스크림을 먹으며 아이폰 화면을
톡톡 두드리고 있다. 비물질적이고 영적인 영역의 기묘한 재탕인
'클라우드'에 뭔가 업로드라도 하고 있는 걸까. 실리콘밸리
사장님들의 신성한 은총 덕분에 접근이 가능해진 새로운 구름.
하긴 일론 머스크 Elon Musk나 제프 베조스 Jeff Bezos같은 이 바다의
신들은 요새 좀 멀리 가 있다. 우주로 시선을 돌려 새로운 초월을
실험하고 있는 중이라나.

테이블에 놓인 신문 헤드라인이 이 뉴스를 알려준다.
억만장자들이 우리 같은 사람들보다 한참 위에서 우주여행을
하는 동안 여기 아랫녘 지중해의 한 섬에서는 흙이 사라져가고

여행의 믿음직한 안내자였던 지도가 쓸모없어진다. 좌표가 망가지고 지구의 자성이 변화한 이상 나침반도 당연히 재조정해야 하지만 이러한 재설정을 모두가 동의하는 것도 아니다. 동의는커녕 한 줌도 안 되는 기술 엘리트들은 전지구적 영점조정의 공적 책임을 방기한 채 대안적인 탈출 지도를 그리더니 우주 공간으로 떠나 버린다. 옛날 옛적에 실리콘밸리는 현대문명의 진보를 증명하는 법칙과도 같았으나, 오늘날 그들은 공공의 번영보다는 개인적 생존에 더 골몰하는 모습이다.[1] 사실 나같은 처지에서 실리콘밸리는 돈 많고 부담 없는 소수, 도피 수단을 소유하고 있는 자들을 위한 탈출 거점으로밖에는 안 보인다. 아틀라스 신의 어깨가 더 이상 하늘을 짊어지지 못하는데 떠날 방도가 있다면 단번에 하늘을 뛰어넘어 또 다른 우주 공간으로 향하자는 심산이다. 그야말로 '웅크린 아틀라스 Atlas Shrugged'인가[2] (러시아 출신의 미국 작가 아인 랜드 Ayn Rand의 대표 소설. 사회를 지탱하는 천재 엘리트들을 세상을 짊어진 아틀라스에 비유한 극단적인 개인주의적 자유주의 성향의 소설 - 옮긴이). 아틀라스의 신봉자들은 자기 우주선에 연료를 채우고 생명 연장을 위한 연구에 수조 원을 투자하며[3] 지구에 남은 이들을 메타버스로 안심시킨 뒤 영원한 저 너머를 향해 떠날 채비를 하고 있는 것인가.

바야흐로 인류세의 여명인 지금, 별들로 눈을 돌린 이 사람들은 아무리 외딴섬을 찾아가도 골칫덩이들을 벗어나기는 힘들다는 것을 깨닫고 가상 공유 공간을 지어 놓은 다음 지구 자체를 떠나는 것을 유일한 해결책으로 삼는다. 탈출 지도에 찍힌 즐겨찾기는 정치적인 동시에 영토에 입각해 있고 사회학적인 동시에 실존적이기도 하다. 우리의 터전이 위태롭다는 걸 눈치챈 그들은 모든 지상적 한계를 벗어나 이륙하려 한다. 평등과 연대, 정의 같은 건 안중에도 없다. 기후변화가 지구의 거주여력을 저하시켜 우리가 누릴 공간이 부족하다는 점, 따라서 그들도 큰 대가를 지불해야 한다는 걸 훤히 알고 있는 사람들이다. 이 '도망자 Exiter'들은 모두를 위한 문명의 진보와 모두가 거주가능한 세계를 건설하겠다는 인류의 이상에 등을 돌린 채 박탈당한 사람들을 마다하고 야반도주하려 한다.[4]

정신분석학자들은 이미 20세기부터 지구 탈출 드라마에 실존적 측면이 있음을 간파했다. 우주선을 타고 외계로 떠나는 이야기에 자아 해방 욕구가 담겨 있다는 것이다. 맨날 지구에 갇혀 늘 자기 자신으로 돌아와야 하는 우리에게는 유체이탈보다 그냥 화성으로 떠나는 이야기가 더 쉽게 다가온다.[5] 그러나 오늘날의 심리-외계물은 신자유주의의 원자론적 태도에서 비롯한 독성이

첨가되어 그 충격파가 훨씬 강하다. (신자유주의는 개인을 사회 구성의 단순한 원자론적 단위, 다시 말해 소비주체로 파악함으로써 그 인격적 가치나 존엄성을 도외시한 채 개인 간의 관계를 극단적으로 축소하고 단절시킨다 – 옮긴이) 궁극적으로 바로 이 지점이 억압의 결핍 상태인 자유라는 개념이 도달한 곳이다. 혼자서, 무한한 외계를 항해하다가 생명의 흔적도 없고 아무도 안 사는 낯선 행성에 착륙하는 인간.

외계 행성의 지구화 작업은 엄청나게 긴 시간대를 필요로 한다. 따라서 탈출을 꾀하는 엘리트들은 벌써 천상의 낙원이라는 종교적 개념을 대체하는 현세적 공간을 준비 중이다. 탈출의 방향을 수직에서 수평으로 바꾸면 'B 행성' 대신 '플랜 B'가 있다. 그들은 자급자족 가능한 농장, 기후변화로부터 안전한 자산, 초호화 재난 피신처 등을 전 세계 여러 곳에 마련하고 있다.[6] 핵 재앙과 팬데믹 바이러스, 기후 재난을 피하기 위해 이 탈출론자들은 이미 보조 계획을 세워놨다. 미래에 닥칠 홍수로부터 멀리 떨어져 있는 곳에서 그들은 기후변화로 훼손된 세상에서도 별일 없이 산다. 하긴 외계 행성을 식민지로 삼든 출입구가 봉쇄되어 있고 기후변화로부터 안전한 부동산을 구입하든, 목적지가 화성이든 뉴질랜드든 상관없는 일 아닌가. 지구를 떠받치고 있는 아틀라스가 비틀거리고 땅덩어리가 점점 사라져가는 시대에 거주가능한 영토를 찾아가는 싸움은 매한가지다. 아마 포크롤 섬과는 멀리 떨어져 있겠지만 그들 역시 번영을 누리며 살만한 땅을 찾는다는 면에서는 같은 계급투쟁을 하고 있는 것이다. 전략, 처지, 전망이 다 다르지만 근본적으로 거주가능한 공간을 둘러싼 동일한 싸움으로, 이는 지구사회적 환경에 외부 좌표를 구성한다.

그래. 해안은 침식당해, 먹을 물은 사라져 가, 물고기는 떼죽음 당해, 숲은 잿더미가 되고 섬 주민들은 터전을 잃고 신음해, 그러는 와중에도 신흥 해적들은 부두에 배를 대며 미소를 짓고 신흥 기술 재벌들은 테슬라에서 만든 로켓을 타고 우주를 여행한다. 발밑에서 땅이 위태로워지고 있다. 자기 땅이 사라지는 대가를 치르고 있는 사람도 있는데 어떤 이들은 잠시 피신할 궁리나 하고 있다니.

카페에서 계산하려고 일어나는데 배 두 척이 새로이 부두에 도착하는 게 보인다. 관광객들이 또 우르르 내린다. 웃는 여자, 떠드는 남자, 지도를 펼치면서도 아이들에게서 눈을 떼지 않는 부모들. 다 나와 똑같은 처지다. 다들 섬 실종사건의 공모자들이며, 따라서 갈등의 한 축을 담당하고 있지만 이 부류는 참 알다가도 모르겠다. 왁자지껄한 소리가 소금기 머금은 대기로 퍼져가는 게 더는 별스럽지 않다. 봄 같은 온화한 계절이면 얼마나 좋을까, 현기증이 도지니 그 생각이 절로 든다. 일어서려는데 무릎이 말을 안 듣는다. 머리가 아프고 속이 쓰려온다. 배로 돌아가야겠는걸. 카페를 막 나서려는데 항구에서 온 빅터가 의자에 몸을 내던지며 묻는다. 오늘 하루 어땠어? 내가 말한 곳은 가봤어? 섬 좋았어? 기진맥진한 나는 어디서부터 대답해야 할지 난감해하다가, 땅이 자꾸 일렁이는 것 같아, 하고 대답한다. 빅터가 대수롭지 않다는 듯 씩 웃으며 아 그거, 초짜 선원한테 흔히 있는 현상이지, 하고 대꾸한다. 처음 배를 탔다가 상륙하면 땅이 울렁거리는 경험을 하는 사람들이 있다는 것이다. 바람을 가리고 겨우 담뱃불을 붙이더니 빅터가 별일 아냐, 이런다. 완전 정상이니 걱정 마. 그렇다면 내가 '땅멀미 land sickness'를 겪고 있는 건가.

나는 잠자코 천천히 고개를 들어 바다 쪽을 바라본다. 도로와 바다가 겹쳐 보이는 곳에서 이글이글 아지랑이가 오른다. 아스팔트와 바다 사이로 피어오르는 열기. 빅터의 수다가 바람 소리와 관광객들의 소음, 갈매기의 울음소리에 섞여 먹먹하게 사라진다. 눈앞이 흐려오는데 정신은 말짱하다. 빅터 말이 맞다.

'땅이 아프니' 나도 아프구나 I am suffering from 'land sickness'.

수평선

배로 돌아오는 길에 우리는 섬에서 출발하는 마지막 배를
기다리느라 길게 줄을 선 관광객들을 지나쳤다. 다리 위를 가득
메운 사람들이 몇 명이나 되는지 세어보다가 포기했다. 일행들이
뒤죽박죽 섞여 있고 사람들은 지쳐 보였지만 참을성 있게 어깨를
나란히 하고 배를 기다린다. 그들도 나처럼 잠깐 머물 피난처를
찾아온 거겠지. 이제 집에 갈 시간이지만 그들의 발자국은 섬에
남아 주민들의 일상생활에 영향을 줄 것이다. 그들이 떠난 후에도
섬은 그 흔적의 무게를 감당해야 한다.

티미아 호로 가기 위해 빅터가 구명정을 모는 도중에 쇠로 된
배 하나가 막무가내로 다가와 하는 수 없이 빙 돌아갔다. 누구
하나 타고 있는 것 같지도 않은 유령선이 저 혼자 떠다니나
싶었다. 빅터에게 이게 뭔 배냐고 물었더니 섬에 대량으로 물을
실어나르는 일종의 운반선이란다. 배가 우회하는 동안 나는
고개를 돌려 다리 쪽을 쳐다본다. 식민지배자, 이방인, 정착민,
해적이거나, 그냥 휴가를 보내러 온 보통 사람들, 어슷비슷하게들
사는 중산층 가족, 일반적인 직업을 가진 소박한 이웃네들,

이거나, 간에, 그들도 나도, 다들 공손하고 평범해 보인다.

티미아호의 선미에 오를 무렵 빅터가 짜증을 낸다. 나는 돛을 달아야 출항한다는 걸 깜박 잊고 있었다. 이렇게 밍기적거리고 있을 시간이 없어, 배를 바다 쪽으로 내보내야 한다구. 빅터가 말한다. 지체 없이 바로 떠나야 한다는 거다.

나는 젖어있는 줄 모르고 갑판에 발을 디디다가 그만 미끄러질 뻔했다. 난간을 잡은 덕에 겨우 두 발로 설 수 있었다. 몸을 돌려 난간에 기대어 섬 쪽을 바라본다. 멀리서 보니까 그저 평온한 섬이다. 오늘 아침에 난 어디에 있었더라, 가늠하느라 시선을 만에서부터 꼭대기 숲 지대까지, 아랫녘인 해변에서 윗녘 임야를 거쳐 맨 꼭대기 해안 절벽에 이르기까지 이리저리 옮겨 본다. 동쪽에서 서쪽 방향으로 훑다 보니 항구와 해수욕장 사이의 해안선을 따라 고급진 빌라가 촘촘히 늘어서 있는 게 눈에 들어온다. 집들은 거의 바다 쪽을 향하고 있다. 빅터가 그 집들 이야기를 해준다. 섬에서 제일 비싼 부동산들인데 바다에 집어삼켜질 차례로도 1순위라나.

선미에서 빅터와 폴이 티미아호의 항해 준비를 하고 있다. 빅터가 스마트폰으로 현재와 앞으로의 바람 상태를 검색하더니 공책에 휘갈겨 쓴다. 15에서 20노트. 방향 바람 일정치 않음. 우리 실력에 이 배면 쉽지는 않겠지만 해볼 만하다며 빅터가 나를 안심시킨다.

"닻을 올려라!"

무거운 쇠사슬을 갑판 쪽으로 끌어올리자 우리는 바다 한가운데에 둥둥 떠 있는 신세가 되었고 그때 빅터가 엔진에 시동을 걸며 동생더러 돛을 펼쳐 올리라고 지시한다. 빅터는 타짜 같기도 하고 초짜 같기도 한 모양새로 연신 배의 양쪽 끝을 왔다 갔다 한다. 폴의 의견을 묻기도 하고 바람과 파도를 보고 폴에게 뭘 해야 하는지 알려주기도 하면서, 빅터는 밧줄을 몇 매듭씩 풀었다 조였다 하며 배가 바람을 타게 하느라 안간힘을 쓴다.

배가 속도를 내고 파도를 가르자 진동이 심해진다. 갑자기 폴이 나에게 키를 좀 잡고 있으라고 외친다. 내가 어쩔 줄 몰라 머뭇거리자 폴은 내가 배에 관해서는 완전 까막눈이라는 걸 눈치채고 '배의 운전대를 잡고 있으라고!'하고 쉬운 말로 다시 소리친다. 명령에 따르자니 배에 관한 기술적인 것들을 하나도 모르는 내가 새삼 황당하게 느껴진다. 물론 단 하루 만에 바다 사나이가 될 수는 없겠지만 난 참 그런 실제적인 것들, 기술적이고 물질적인 것들에는 젬병이다. 마치 세상살이에 사람다운 '문화' 하나면 충분하다는 듯이, 나는 나 자신이 물질세계 위에서 우월하게 존재한다고 여겨온 모양이다. 실은 난 우리 집의 전기와 수도 계량기가 어디에 붙어 있는지도 모른다. 인정. 더 심각한 건 그걸 배울 생각도 안 한다는 것. 내가 어디 사는 어떤 존재인지 알고자 한다면 당연히 이런 걸 배워야 하는데 난 왜 그걸 거들떠보지도 않았을까?

폴이 조종석 쪽으로 오더니 나더러 선미로 돌아가 자리에 앉아 있으라고 명령한다. 시키는 대로 하면서 보니 폴이 일러주는 대로 빅터가 장단을 맞춰 반응하며 배를 몬다. 바람이 거세지면서 그 주고받음에도 가속이 붙는다. 그러다 어느 찰나 돛이 펼쳐지며 배를 밀자 배가 붕 뜨더니 앞으로 쭉 나아간다. 빅터가 "범주 성공!"(돛으로만 가는 항해 – 옮긴이) 하고 외치자 폴이 즉시 엔진을 끄고 오직 바람에만 배를 맡긴다.

난바다로 나가자 반달 모양의 항구가 주던 아늑함은 온데간데 없다. 바람이 시시각각 거세지면서 배가 걷잡을 수 없이 흔들린다. 난간을 붙들고 가까스로 버텨본다. 묘하게도 바로 그때, 평온함이 되찾아지는 걸 느낀다. 여전히 나는 숨 쉬고, 움직이고 있으며, 내 인생을 거쳐가고 있구나. 어쩐지 티미아호가 더 흔들릴수록 딛고 있는 두 다리가 더 굳건해진다. 배의 요동이 웬지 내 감정의 풍경에 화답하는 것 같다. 망망대해에 나와 보니 배가 요동침에도 '불구하고'가 아니라 바로 요동치기 '때문에' 만사가 서로 화답하고 공명하는 듯하다. 바로 여기서 나는 파도를 '느끼고', 나를 둘러싼 위험들을 '본다'. 너를 배 바깥으로 내동댕이치고야 말겠다는 기세로 겁나게 휘몰아치는 풍파에 직접 부딪치면서 나는 깨우쳐진다. 산산이 부서져 물속에 가라앉아 익사하기 싫으면 그분들의 변덕스러운 기분을 세심하게 살펴야만 하는 것이다. 자, 여기 나는 이 골칫덩이들과 '더불어 있노라.'[1]

그러나 알아두자. 보트에서 살아남기가 결코 주변의 '자연'을 잘 '통제하고' '제압하는' 것과는 무관함을. 여기서 살아남으려면 여러 세력들 사이에서 끈질기게, 부단히 이루어지는 협상에 가담해야 한다. 배의 겉모습과 그 안의 여러 장비들, 폴과 빅터의 소통, 호기심이 깃든 지식, 주의력과 조심성, 상상력, 돛과 방향타를 움켜쥔 손, 변화무쌍한 바람과 파도, 깊은 바다…

이 모든 것들이 함께하는 논의의 장에 나서야 하는 것이다.
'조화로운 바다' 따위는 없다. 대신 여러 요소들 간에 이루어지는
공든 협력이 있을 뿐이고, 천신만고 끝에 항해술을 터득하고
난 뒤에야 비로소 화려한 바다 여행이 있는 것이다.

빅터와 폴이 거친 파도를 헤쳐나가는 걸 보면서, 진정한 뱃사람의
예술은 바로 협상과 판단의 감각, 배우겠다는 자세로 묵묵히
받아들이는 그 순명에 있음을 이해하게 된다. 항해는 '앞을 향해
직진'하는 것과 아무 관련이 없다. 그렇게 하면 배가 암초에
부딪혀 박살이 나거나 성난 파도로 두 동강 나 바로 황천길이다.
망망대해에서 저지르는 가장 치명적인 실수는 항해의 방향을
정해놓는 것이다. 물론 뱃사람들 앞에는 저 멀리 수평선이 있다.
그러나 그리로 가는 뱃길은 절대 확실하지 않고, 뚜렷하지도 않다.
배를 박살 내지 않고 수평선을 향해 물을 가르며 온전히 나아가고
싶으면 절대 직진하지 말 것. 뱃길은, 수평선 쪽으로 가면서도,
바람을 다시 살피고 돛을 거뒀다 폈다 하며 상황 변화에 따라
항해의 전략과 전망을 새로 세우면서 자꾸 교정되는 법이다. 배가
앞으로 나아가려면 전후좌우뿐 아니라 아래위까지 살펴야 한다.
우리의 여행이 비극적으로 끝나지 않으려면 더불어 움직이는
법을 우리에게 알려주는 그 놀라운 물질과 개체들, 그들과의 협상

과정에 임해야 한다. 만일 우리가 이러한 외교적 능력과 길게 보는 사려깊음을 얻는다면, 반복적으로 나타나는 골칫덩이들을 넘어, 이미 시작된, 저 앞에서 뻔히 우리를 기다리고 있는 폭풍우를 견뎌내고 마침내 티미아호의 항해가 성공할 수도 있지 않을까. 그렇게 되면 우리는 해적에서 뱃사람으로 탈바꿈할 수 있고 약탈은 협상이, 파괴의 여정은 번영의 여행이 될 수 있다. 바다 저편에는 또 다른 항구가 우리를 기다리고 있고, 거기 들어서면 우리가 딛고 살 다른 종류의 땅이 있으며 실제 거주 가능한 대지, 아무도 호시탐탐 노려본 적이 없는 흙이 있다. 꿈이 아닌 현실의 땅, 그러나 다시 한번 우리를 꿈꾸게 할 그런 땅.

해가 기울며 쌀쌀해진다. 뒤를 돌아보니 섬이 시야에서 거의 완전히 사라졌다. 핑크빛으로 물들어가는 하늘 아래로 포르크롤 섬이 증발해 버린 느낌 마저 든다. 조종석에는 이제 빅터가 앉아 있다. 나는 빅터에게 다가가 말한다. 항해 말이야, 이게 우리가 직면한 걸 드러내는 괜찮은 은유 같거든. 항해를 테마로 글을 하나 쓸까 봐. 그랬더니 빅터가 씩 웃는다. 거기 딱 맞는 책이 있다며 나더러 잠깐 키를 좀 잡고 있으라고 하더니 선실로 내려간다. 새로 쓸 책의 첫 문장이 머릿속에서 아른거리는데 빅터가 휙 올라오더니 책 한 권을 건넨다. 낯선 땅으로의 여행을 이만큼

생생하게 묘사한 책은 못 봤어. 그런데 한 가지 알려줄 게 있어. 그러더니 빅터가 덧붙이다. 책을 이해하려면 맨 끝에서부터 읽어야 한다는 것이다. 그의 권유대로 순순히 책을 후루룩 넘기다 보니 마지막 장에 가닿는다. 거기엔 이렇게 쓰여있다.

> 그리고 (마르코) 폴로가 말했다.
> "지옥살이는 미래에 오는 게 아닙니다. 그건 이미 여기 있어요.
> 우리가 매일 함께 꾸리고 있는 이 생활이 바로 지옥살이죠.
> 지옥의 고통을 벗어나는 길에는 두 갈래가 있습니다.
> 첫째 길은, 이게 대개들 더 쉬울 텐데, 지옥을 받아들이고
> 그 꼴이 안 보일 정도로 열렬한 일원이 되는 거죠. 두 번째 길은
> 험난하고 한시도 경계를 늦출 수 없는 위태로운 길입니다. 지옥
> 한가운데에서 지옥 사람 아닌 게 누군지, 지옥 아닌 게 뭔지
> 찾고 알아보는 법을 배우세요. 그런 다음 그가 견뎌낼 수 있게
> 해주세요. 그들에게 터를 마련해 주세요."[2]

견딜 수 있게 해주고, 터를 마련해줘라. 스스로 견뎌내도록, 자기 터를 마련하도록 거들어라.

디페시 차크라바르티
Dipesh Chakrabarty

해설을 쓴 디페시 차크라바르티는 인도의 역사학자로 탈식민주의 담론과
서발턴 Sublatern (하위주체) 연구의 대가다. 미국 시카고 대학에 재직하고 있으며
2014년 토인비상을 수상했다. – 옮긴이

"우리가 사는 인류세 Anthropocene가 좋은 잠자리는 아니구나." 이 책의 화자는 이렇게 쓴다. 이 짧은 문장이 자꾸 머릿속을 맴돈다. 인류 역사를 시대적으로 구분하는 다른 이름들에는 이 말을 쓸 수 없지 않을까 싶다. 예를 들어 '봉건제 시대가 좋은 잠자리는 아니'라고 말할 수 있을까? 그럴 수는 없다. 봉건제는 추상적으로 형성된 일련의 관계들을 일컫는 말이기 때문이다. '자본주의'도 마찬가지다. 하지만 인류세는 좀 다르다. 인류세의 자리 '안에' 존재하는 모든 것이 온통 뒤죽박죽이다. 어쩌면 인류세에 '대한' 이야기들이 그럴지도 모르고, 인류세라 제안된 지질학적 시기는 지질학적 관점에서 봤을 때 시간의 얇은 한 켜를 가리킨다. 그런데 이게 하나의 장소처럼 느껴진다. 물리적으로 그 '안에' 들어와 있는 것 같다. '인류세가 좋은 잠자리는 아니'라고 말함으로써 이 시간이 물리적으로, 몸에 직접 와닿는 경험의 일부로 느껴진다. 시간이냐 아니면 점점 못 살 곳이 되어가는 장소냐? 그렇다면 인류세의 '실체'는 무엇일까? 이게 혹시 시간이 물리적 장소처럼 느껴지는 글로벌위어딩의 징조는 아닐까? (원문에는 'a weirding of the world'로 되어 있는데 '글로벌위어딩'이 더 자주 쓰인다. 지구온난화로 인해 날씨나 자연활동이 갈수록 황당해지고 이상스러워지는 현상을 말한다 – 한경경제용어사전 참조, 옮긴이) 뭐

가 됐든 화자는 자신의 현재를 신체적으로 밀착되는 무언가로 인식한다. 내 몸 안의 현재. 그러니 진이 빠진다. 인류세에는 잠이 잘 안 온다. 어디 열기를 견딜 수가 있어야지.

화자는 파리에 있다. 이 도시도 폭염에 절어 있다. 몸 느낌이 꼭 덥고 습한 날의 인도 남부 타밀 지방 체나이 Chennai에 있는 것과 흡사하다. 화자의 말대로 '더위가 내 몸과 마음을 무력하게 만든다. 모든 게 느려지고 일 분 일 초가 늘어지는 것 같고 조금만 움직이려 해도 몸이 천근만근이다.' 이건 적도 근처의 찜통더위나 진배없다. 유럽 사람, 그것도 덴마크 젊은이가 뜬금없이 자신과 너무 동떨어진 '게으른 원주민 the lazy native'이 되기라도 한 건가. 일찍이 말레이시아의 사회학자인 사이드 후세인 알라타스 Syed Hussein Alatas 는 인종차별적 백인 식민지배자의 말투를 비꼬듯이 흉내내며 '게으른 원주민'이라고 한 적이 있다. 젊은 유럽인 화자가 '게으른 원주민' 비슷한 느낌을 갖다니, 인류세가 역사적 경험을 가지고 노는 꼴이다.

그리하여 우리의 화자는 휴식을 찾아 배를 타고 탈출한다. 두 명의 친구와 함께 포르크롤이라는 프랑스의 섬으로. 사실 그가 찾는 휴식은 육체적인 것만은 아니다. 단지 부유한 '북반구' 출신이라는 점 때문에 유럽 바깥 세계와의 관계 속에서 어쩔 수 없이 갖게 되는 죄책감을 훌훌 벗어버리고, 그 자신 역시 섬이 되고자 한다. 그가 잘 알고 있듯 파리에서 그를 잠들지 못하게 하는 폭염 자체가 전지구적인 현상이다. 폭염은 '자연재해'가 아니다. 화석연료 덕분에 풍요로운 삶을 누리며 마음껏 소비하고 사는 자신의 서구식 생활과 불가분의 관계다.

마트에서 뭘 살 때도 그렇다. 카트에 물건을 하나씩
담을 때마다 골칫덩이들이 쌓인다. 물건들이 저마다 입고
있는 비닐 옷은 언젠가 먼 바다로 갈 것이다.
나는 이제 고기를 안 먹지만 그 대용으로 택한 아보카도와
퀴노아도 재배과정에서 토양을 악화시키고 물 부족을
야기한다. 아침마다 정신을 깨워주는 커피 한 잔도 먼 땅을
황폐화시키고 이름 모를 강을 오염시킨다.

이 비슷한 목록이 줄줄 이어지더니, 화자는 이렇게 털어놓는다.

나날의 일상적 행동이 골칫덩이들과 한 몸이고
이 난제들과 얽히고설켜 있다니. 하루 하루 골칫덩이가
바로 나라는 걸 깨닫는다. (…) 나는 (…) 물질적 풍요를
누리며 양심을 팔아먹고 있는 중이다.

이런 생각이 현기증을 불러온다. 우리의 화자 역시 어지러움과 구토감을 느낀다. 게다가 불면까지. 그런데 이 상황이 그의 책임일까? 그는 이 상황에서 벗어날 수 있을까? 사르트르의 『구토』에 나오는 앙투안 로캉탱 Antoine Roquentin 처럼 밀실에 처박혀서, 지은이와 같은 나라 사람인 키에르케고르의 인도에 따라 내면 깊숙이 잠수한 다음 '다른 걸 알기 전에 자기 자신을 알아야 하느니라'하는 금과옥조를 깨우칠 수 있을까? 그러나 낡은 실존주의적 확신은 더 이상 그에게 먹혀들지 않는다. 화자는 "'나 혼자서만' 사는 게 아닌 건 고사하고 (…) 가깝거나 먼, 사람이거나 아닌 (…) '다

른 이를 통해서만' 존재 가능한 것이 우리네 실존"임을 알고 있다. "'나는 어울린다, 고로 존재한다 intermixti ergo sum'. 나는 섞이고 개입한다, 고로 존재한다." 계속해서 그는 "나는 흙, 바람이며 물이요 불이면서도 토양침식, 태풍, 산불과 해양오염의 원흉"이라고 털어놓는다. 그는 자신이 누리는 풍요를 매개로 전 세계와 연결되어 있다. 서구의 철학자들은 '삶의 터전 live on'인 지구와 '사는데 쓰는 live from' 지구를 구별하고 있다. 뿐만 아니라 화자는 자율적 개인이라는 신화가 깨졌다는 것도 알고 있다. 분해 불가능하고 독자적인 개인의 자리를 복수적이고 구멍이 뻥뻥 뚫린 '전생명체'가 차지하고 있다(이 개념에 관해서는 본문 64페이지 참조 - 옮긴이). 하나의 존재는 뭇 살아있는 것들의 덩어리라는 것이다. 화자 역시 "내 몸은 바로 그 산소들이나 길에서 마주친 박테리아들로 '이루어져' 있다"고 말한다.

그리하여 포르크롤 섬으로 떠난 여행은 모호함의 여행이기도 하다. 과연 포르크롤 섬은 우리의 화자가 원했던 내면의 섬이 될 수 있을까? 그런데 이 여행이 실제로 벌어진 일 맞아? 혹시 머릿속에

서 겪은 꿈 이야기 아냐? 그가 섬에서 마주친 냉랭한 꾸짖음의 목
소리들은, 어쩌면 파리에서부터 화자를 혼내고 잠 못 들게 한 자
기 자신의 목소리 아닐까? 그게 누구의 목소리든 이야기는 최소
한 우화적이다. 우리의 화자는 북적대는 파리의 푹푹 찌는 폭염을
벗어나 잠도 못 자며 시달려 온 마음 깊은 곳의 윤리적 자책감을
털어내고자 한다. 바닷가의 공기와 시원한 경치, 도시와 멀리 떨
어진 고립감 덕에 그가 활력을 되찾으면 참 좋겠으나 그게 잘 안
된다. 막상 섬의 해변에 가보니 온통 관광객들이 득실대서? 그건
이미 알고 간 것. 어쨌거나 이 섬은 잘 알려진 관광지니까. 그게 아
니고, 가보니 새로운 문제가 있더라, 지구 온난화가 거기서도 판
을 치고 있더라는 거다. 산소를 뿜어내는 다양한 해초들이 30퍼센
트나 줄었다는 사실이 사태를 잘 말해준다. 해수면 상승으로 해변
은 침식당하고 그러잖아도 섬에서 이미 문제가 된 물부족 현상이
가속화된다. 섬은 이제 육지에서 공급받는 식수에 의존하고 있다.
게다가 관광객들이 사태를 더욱 악화시킨다. "몇 해 전 7월, 찌는
듯한 더위와 너무 많은 관광객들 때문에 물이 뚝 끊긴 날이 있었
다는 것이다. 이제 먹을 물도 없다니. 섬의 유지를 위한 가장 기초
적인 물질적 조건의 하나가 무너져 내린 게 아닌가."

결국 인류세에서 남은 자리는 없다. 인류 역사가 그렇듯, 온통 뒤죽박죽인 추세가 여기서도 눈에 들어온다. 관광객이 된 화자는 섬에서 한 할머니와 마주치는데, 할머니는 대놓고 그에게 떠나라고 말한다. 가버려. 아무 데나 가버리라고. 그래서 화자는 깨닫는다.

> 지구역학적으로 볼 때 관광객 수의 증가는 기후변화와
> 해수면 상승, 해안 지역의 개발 등과 맞물리면서 대륙에서
> 유입되는 퇴적물의 감소에 따른 지중해 연안지대 지반
> 침식의 원인이 되고 있다. 포르크롤 섬의 해안절벽 역시
> 1년에 몇 센티미터씩 침식되고 있다.

섬에 사는 소수의 정착민들 축에 드는 이 할머니는 짐작건대 누구 못지않게 프랑스인 다운 성향일 거다. 그런데 지금 화자가 보니 이 할머니가 꼭 식민지에 정착한 유럽 출신 지배자에게 자기 땅을 빼앗긴 토종 원주민처럼 군다? 이건 꼭 식민 지배 정착자의 서사를 두 유럽인이 괴상하게 연습하는 거 같잖아! '할머니의 눈에' 섬

에서 처음 보는 사람인 화자는 '침입자일 뿐 아니라 땅을 망치고 자기 땅에서 할머니를 소외시키는 장본인이다.' 원주민의 입장에서 보면 그렇다.

문득 기억나는 역사가 있다. 1492년과 그 이후에 벌어진 모든 일들의 귀환이랄까. 유럽의 팽창이 막 닻을 올리던 시기 말이다. 역사는 반복된다, 처음에는 비극으로, 다음에는 희극으로, 이렇게들 말하지만, 이건 그게 아니다. 예전의 용어로는 사태가 파악되지 않는다. 식민 지배는 피부색을 근거로 자행되었다. 그런데 지금은 밑도 끝도 없이 이런 일이 벌어진다. 유럽 사람이 다른 유럽 사람에게 이렇게 말했다고 상상해보라. "내 땅을 빼앗지 마세요." 마침내 모두들 토종이 된 건가? 그렇다면 여기서는 누가 식민지배자인가? 자기 땅이 못 살 곳이 되니까 도망 나온 사람들? 그럼 그들도 불법체류자? 난민들? 아직 그들에게는 적당한 이름이 없다. 지어줘야 한다.

파리의 불같은 폭염을 탈출할 수는 없는 것이, 다른 데도 똑같기 때문이다. 불면에 시달리는 몽유병 환자가 아니고서는 아닌 밤중에 이 악몽에서 벗어나려고 나다닐 수도 없는 노릇이다. 심지어 화자는 자신의 불안증에 더 근본적인 원인이 있음을 감지한다. 자연을 '제압하여 master' 근대 modern를 이루겠다는 기획은 실패했다. 그러니 근대화에 더욱 박차를 가하는 것도 가야 할 방향이 아니다. 지구를 탈출해서 다른 행성에서 생존하겠다는 꿈을 꾸는 억만장자들도 있다. 이건 또 뭔가. 억만장자들이 도모하는 생존의 정치학? 칸트에서부터 한나 아렌트까지 사상가들을 다 뒤져봐도 이런 정치학은 없다. 극소수 엘리트들이 탈출의 꿈을 꾼다는 건 정작 근대화로 인해 우리가 가진 단 하나뿐인 행성이 망가졌다는 말밖에는 안된다. 예전에 생존의 정치학은 가난한 사람들이 도모하는 것으로만 생각했는데, 이제는 억만장자들이 이 정치학을 자기 것으로 삼는다니 정말 세상 참 난장판이구나.

여행을 마친 화자가 친구의 배를 타고 귀환하는 바닷길은 다마스커스로 가는 길과 같다(사도 바오로는 다마스커스로 가는 길에 극적으로 회심

해 기독교도가 된다 - 옮긴이). 문득 하나의 깨달음이 그를 사로잡는다.

> 보트에서 살아남기가 결코 주변의 '자연'을 잘 '통제하고'
> '제압하는' 것과는 무관함을. 여기서 살아남으려면
> 여러 세력들 사이에서 끈질기게, 부단히 이루어지는
> 협상에 가담해야 한다. 배의 겉모습과 그 안의 여러 장비들,
> 폴과 빅터의 소통, 호기심이 깃든 지식, 주의력과 조심성,
> 상상력, 돛과 방향타를 움켜쥔 손, 변화무쌍한 바람과
> 파도, 깊은 바다… 이 모든 것들이 함께하는 논의의 장에
> 나서야 하는 것이다. '조화로운 바다' 따위는 없다. 대신
> 여러 요소들 간에 이루어지는 공든 협력이 있을 뿐 (…)
> 만일 우리가 이러한 외교적 능력과 길게 보는 사려깊음을
> 얻는다면, (…) 마침내 티미아호의 항해가 성공할 수도
> 있지 않을까.

이러한 제압의 기획이 없다면 근대적 자아의 자유 추구는 어떻게

될까? 전통적으로 근대화는 1) 억압받는 인간의 해방 2) 자연의 속박으로부터 인간을 자유롭게 함, 이라는 두 가지 근거로 옹호되어 왔다. 그런데 포르크롤 여행을 통해 화자는 두 근거 자체로부터 자유로워진다. 그에게 로크적인 개인의 자율성이나 실존주의적인 깊은 책임감은 더 이상 의미가 없다. 또한 자유는 자연을 제압하려는 어떤 시도에도 근거를 둘 수 없고 주인과 노예의 변증법만으로 풀어낼 수도 없다. 자유의 개념은 재정립되어야 한다.

> 내 자유를 돌려받으려면 모든 인간, 비인간과의 결합
> 관계를 돈독히 함으로써 자율적 결정권 내지는 일종의
> 이종 자율성 hetero-autonomy 을 우리 모두 누릴 수 있도록
> 해야 한다. (…) 지구의 거주조건이라는 상황 '안에' 나의
> 자유를 놓는 일, 몸과 공간, 사람과 사람 아닌 것, 자연과
> 사회의 '한계'를 허무는 일을 통해 나의 자유는 '무한'의
> 미궁에 빠지지 않게 된다.

위와 같은 문장을 쓴 이 책의 저자 니콜라이 슐츠가 더 이상 이야기에 나오는 불면증에 시달리는 화자는 아니라고 본다. 슐츠의 개인적 경험을 토대로 지어진 건 맞지만, 이 책은 저자 자신이 말한 대로 '문화인류학적 소설 ethnograficative'의 범주에 속한다. 포르크롤 섬으로 가는 여정을 담은 이 책은 복합장르적 기법으로 기술된 우화로서 불면과 불안을 벗어나 사색할 수 있는 곳으로 여행을 떠나는 한 사람의 이야기를 들려준다. 이곳에서 화자는 인류가 초래한 심각한 위기 속에서 허우적대는 우리와 지구의 관계를 재설정하고자 한다. 이 위기의 원인을 개개인을 넘어선 시스템, 이를테면 자본주의라든가 근대화로 돌리는 것도 일면 타당하지만 슐츠는 무엇보다도 자신의 개인적인 책임감에서부터 출발하려 한다. 골칫덩이는 바로 '나 자신'이었다! 그렇다고 이런 태도가 보다 큰 사회적 또는 사회학적 해설을 거부하는 건 아니다. 그보다는 우리 각자가 매일의 생활 속에서 책임감을 갖는 게 먼저라고 호소한다. 부자랍시고 마음껏 탐닉하는 사람들도 문제지만, 사실 우리 모두가 지구의 거주여력을 파괴하는 과정에 동참하고 있지 않은가. 바야흐로 인류세의 와중에 우리는 어떻게 자아를 회복할 것인가. 이 작은 책은 그 숙제를 푸느라 고민하는 이들에게 영감을 주는 훌륭

한 지침서가 될 것이다.

옮긴이의 말   성기완

『나는 지구가 아프다』는 덴마크의 사회학자이자 환경이론가인 니콜라이 슐츠 Nikolaj Schultz의 신간을 한국어로 번역한 책이다. 번역 과정에서 프랑스어본 『Mal de Terre』(엘렌느 코엔 Hélène Cohen 옮김, Payot, 2022)와 영어본 『Land Sickness』(Polity, 2023)를 함께 읽었다. 두 책을 비교해 보니 흥미롭게도 표현된 문장들이 사뭇 달랐다. 그건 아마도 이 책이 철학적, 사회과학적 성찰을 담은 1인칭 서술자의 자전적 수기라는 문학적 형식을 취하고 있다는 점과 관련이 깊을 성싶다. 지은이는 '문화인류학적 소설 ethnograficfive'이라는 신조어로 자기 책의 하이브리드적인 면모를 요약하고 있는데, 이런 형식을 택한 배경에는 '철학과 사회학의 영역에서 제기되는 몇 개의 수수께끼들을 풀'기 위해서는 '새로운 분석과 문체, 서사적 접근이 필요하다'는 인식이 자리잡고 있다('감사의 말' 참조). 서사를 끌고 가는 일상어 안에 철학적, 과학적 개념이 녹아 있다. 그게 핵심이다. 그렇게 써야 하고, 읽어야 하며, 일상적 실천으로 넘어갈 수 있어야 한다. 그런데 커피 안에 녹아 있는 설탕을 다시 걸러내기는 쉽지 않다. 철학적 용어라든가 개념, 맥락들을 한글의 일상어 안에 삼투시켜 번역하려면 어떻게 해야 할까.

프랑스어로 '모따모 mot à mot', 즉 낱말과 낱말을 엄정하게 1대 1

로 대응시키는 것보다는 자연스러운 표현과 문장들의 흐름을 중시함으로써 자국어 독자들에게 원문의 내용과 분위기를 문학적으로 '와닿게' 하는 것이 좋겠다 싶었다. 번역과정에서 일차적으로 중요시한 것은 원문처럼 간결하고 담백한 한글 문장의 분위기를 유지하는 일이었다. 원문의 맥락과 개념들을 이해하고 난 다음에는 원문을 잠시 잊고 한국어 독자들이 이 책을 읽는 상상의 공간에서 문장들을 입말로 읊조려보곤 했다. 그때 입에 붙여준 한글 문장들을 받아쓰듯 번역하려고 노력했다. 그래도 여전히 어색하고 투박한 문장들이 보인다면 그건 순전히 나의 능력 탓이다. 독자들의 혜안과 너그러운 질정이 필요한 이유다.

처음 출판사에서 번역을 권유할 때 '양이 적고 비교적 술술 읽히는 책'이라고 귀띔해 준 것이 번역을 결심한 결정적인 이유의 하나였으나, 막상 문장들의 바다로 잠수해 보니 그렇게 호락호락하지는 않았다. 우선 제목 자체가 중의적인 뜻을 담고 있어서 한국어로 옮기기가 난감했다. 책을 읽다 보면 알겠지만 'Land Sickness'는 배를 탔던 사람이 배에서 내린 다음 땅에서 겪는 울렁중, 말하자면 배멀미와 비슷한 '땅멀미'이자, 동시에 '나'에게까지 전해지는 이 땅, 지구의 아픔이기도 하다. 어느 날 버스를 타고 가는데 "나는 지구가 아프다"라는 비문에 가까운 제목이 떠올라 바로 편집자에게 알렸더니 좋다고들 했다. 프랑스어로 '나는 머리가 아파요'가 'J'ai mal à la tête'인데, 맨 끝의 낱말을 Terre (땅, 지구)로 바꾸면 'J'ai mal à la Terre', 즉 '나는 지구가 아파요'가 된다. 지구는 내가 아픔을 느끼는 장기처럼 내 몸의 일부고 나 역시 지구의 장기, 지구라는 몸의 일부라는 생각이 『나는 지구가 아프다』라는 제목에 담겨있다. 본문에 등장하는 미생물학 개념인 '전생명체 holobiont' 역시 그런 사유를 품고 있다.

이른바 '인류세 anthropocene'라는 기후위기의 시대를 살아가는 우리들에게 요청되는 많은 생각과 행동, 실천들이 바로 거기서 출발한다. 나의 아픔이 지구의 아픔이다. 지구와 나는 '한 몸'이다. 책에 등장하는 '골칫덩이가 바로 나'라는 인식에서 큰 울림을 듣는다. 1990년생이니 30대 초반일 북유럽 출신 학자의 사상에서 공감을 얻는 일이 경이롭고 즐겁다. 사실 우리 동양 사람들은 '천지

인삼재 天地人三才'라든가 '신토불이 身土不二' 같은 말을 어려서부터 들어온 터라 우주를 개별화된 개체들의 양적인 합산이 아니라 서로 탈바꿈하며 소통하는 삼라만상의 조화로 보는 관점이 그리 낯설지는 않다. 21세기에 이르러 동서양의 사상이 맞닿아 가는 느낌이다. 초연결된 지구사회에서 서로 생각의 힘을 합쳐 위기를 헤쳐 나가는 동력으로 삼아야 마땅하다. 나아가 이 책은 이른바 '지구 사회 계급'이라는 새로운 계급의 출현을 선포하고 있다. 이에 관해서 더 알고 싶으면 지은이의 스승이기도 한 브뤼노 라투르 Bruno Latour와 저자가 함께 지은『녹색 계급의 출현: 스스로를 의식하고 자랑스러워하는』(이음, 2022)을 읽어보기 바란다.

개인적인 견해를 한 마디만 보태자면, 책의 초반에 '(기후변화의) 비용은 누군가가 제일 먼저, 가장 비싸게 지불하게 되어 있다. 그 당사자는 물론 남반구 저개발국가들'이라는 내용이 나온다. 그런데 이 책에서 항해의 여정은 여전히 지중해라는 유럽적인 공간, 유럽적인 '세계' 안에서 펼쳐진다. 개인적으로, 새로운 생태 계급이 탄생한다면 그 영웅들은 환경 프롤레타리아의 중심 거점인 아프리카 등의 남반구에서 나올 것이고 핵심 지도자는 그들이 되어야 마땅하다는 생각을 가지고 있다. 지금 이 순간에도 전 지구적 생산의 고리 속에서 피해를 떠안고 있는 이들의 주도권이 일차적으로 존중되어야 한다. 유럽이나 북아메리카, 발전된 디지털문화를 가진 동아시아 사람들은 그저 거들거나 내려놓을 뿐, 여전히 자신들이 그 운동의 중심이라고 생각해서는 안 된다. 그런 의미에서 남반구로 떠나 연대를 모색하는 여정이 담긴 후속편 같은 것을 기대해봄직도 하다.

부족한 옮긴이에게 선뜻 이 책의 번역을 맡겨준 이음의 주일우 대표님께 큰 감사의 마음을 전한다. 덕분에 기후위기의 시대를 사는 동시대 지구인의 치열한 문제의식을 새삼 배울 수 있었다. 아울러 꼼꼼히 번역본을 다시 봐주고 늘 친절하게 소통해준 이음의 강지웅 님께도 고마움을 전한다.

끝으로 이 번역본을 내 딸 채현이를 비롯한 미래 세대의 젊은이들에게 권하고 싶다. 하나밖에 없는 소중한 우리 별, 지구의 위기를 극복하고 모두에게 좋은 삶을 다 같이 모색해 나가는데 이 책이 영감을 줄 수 있기를 희망해 본다.

2023년 5월

단풍나무 곁에서 슈를 기억하는

성기완

감사의 말

이 '문화인류학적 소설풍 ethnografictive'(저자가 만든 신조어인데, 어원을 그대로 풀어서 번역했다 – 옮긴이)의 글은 나 자신의 짧은 경험을 바탕으로 재구성된 자전적 여행 수필이다. 나는 이 책의 서사를 통해 여행 중에 만난 사람들, 관찰한 것들, 그 과정에서 느낀 감정과 든 생각을 토대로 철학과 사회학의 영역에서 제기되는 몇 개의 수수께끼들을 풀고자 했다. 그러기 위해서는 새로운 분석과 문체, 서사적 접근이 필요하다는 것이 내 생각이다.

먼저 프레데릭 아이–투아티 Frédérique Aït-Touati와 브뤼노 라투르 Bruno Latour에게 깊은 감사의 마음을 전한다. 그들은 원고의 초기본들을 읽어주었고 문체와 사유 양면에서 이 책의 진전에 꼭 필요한 의견들을 내줬다. 브뤼노는 작고하기 정확히 한 달 전, 건강이 악화되는 와중에도 파리의 자택에서 이 책의 프랑스어판 출간기념회를 열어주기까지 했다. 끝없는 너그러움과 호기심, 따스함과 위트를 가졌던 나의 벗에 대한 때 이른 그리움은 말로 형언하기가 힘들다.

여러 친구와 동료들 가운데 이 책을 읽고 기꺼이 의견을 내준 루드밀라 폰 클레어 Ludmilla von Clear, 헬레 그라백 Helle Graabæk, 마리 하인스코우 Marie Heinskou, 올레 B. 옌슨 Ole B. Jensen,

아말리 스탈 Amalie Stahl, 라스 톤더 Lars Tønder에게도 감사를 보낸다. 땅의 아픔을 겪는 일이 어떤 의미인지 숙고할 수 있게 해준 사람들이다.

또한 페이요 Payot 출판사의 르노 파케트 Renaud Pacquette에게도 심심한 감사의 말을 전한다. 그는 내게 선뜻 책을 쓰도록 용기를 주었다. 내용을 분석하고 문체를 다듬는 과정에서 그가 보여준 통찰은 책이 틀을 잡는 데 도움을 주었다. 폴리티 Polity 출판사의 존 톰슨 John Thomson은 이 책의 영어본 출간을 성사시켜 주었고 저스틴 다이어 Justin Dyer는 나의 서툰 영어를 유려하게 만져주었다. 풍부한 통찰력이 담긴 멋진 해설을 써준 디페시 차크라바르티 Dipesh Chakrabarty에게도 심심한 사의를 표한다. 더불어 브뤼노 쿠쟁 Bruno Cousin과 에두아르두 비베이루스 지 까스뜨루 Eduardo Viveiros de Castro에게도 고마움을 전한다. 그들의 지구사회 계급에 관한 사유는 이 독특한 논점을 천착해 나가는 데 도움을 주었다. '진짜 중요한 건 비가 방향을 바꿨다는 것'이라는 표현은 나의 친구들인 그라이언 차틴 Grian Chatten, 코노어 디건 3세 Conor Deegan III, 카를로스 오코넬 Carlos O'Connell에게 빚을 지고 있다. 그리고 파리에서 내가 외로울 때 함께 해 준 매즈 라스무센 Mads

Rasmussen과 수잔 들라투슈 Suzanne Delatouche에게도 갚아야 할 것들이 있다.

프랑스 문화부의 '신세계 Mondes Nouveaux' 기획이 허락해준 지원금을 통해 이 수필을 쓸 수 있었다. 지원을 아끼지 않은 뤼시 캉포스 Lucie Campos와 모드 데세뉴 Maud Desseignes에게 고마움을 전한다.

끝으로 포르크롤 섬에서 만난 사람들, 그리고 빅터 Victor와 폴 Paul에게 감사의 마음을 전한다. 그들의 친절함과 우정, 그리고 호기심이 없었다면 이 책은 세상에 없었을 것이다.

1

다음 논문을 참조할 것. Cem Aydemir and Samed Ayhan Özsoy, 'Environmental Impact of Printing Inks and Printing Process', *Journal of Graphic Engineering and Design,* Vol. Ⅱ (2), 2020, pp. 11-17.

2

이른바 '탈바꿈 metamorphosis'의 일반 형이상학적 존재론에 관한 논의에 관해서는 다음 책을 볼 것. Emanuele Coccia, *Métamorphoses* (Paris: Bibliothèque Rivages, 2020)

1

지질학자들이 우리 시대를 '인류세'라고 부르는
이유를 다시 한번 곱씹어 볼 필요가 있다. 지구
시스템이 인간 행위의 결과로 변화되고 그에 따라
인간 개개인 역시 다른 종으로, 새로운 종류의
존재로 변해간다는 것이다. 클라이브 해밀턴 Clive
Hamilton의 『인류세 Defiant Earth』(Cambridge:
Polity, 2017)에 묘사되어 있듯, 인간이라는 신기한
행위자는 괴력과 무기력이라는 양날의 칼을
휘두르고 있다. 한편으로 인류라는 종은 스스로
예상치도 못했던 영향력을 이뤄냈다. 원래는 엄두도
못 냈지만 이제는 자연의 물리적 상태를 변화시킬
수 있는 힘을 가지게 된 것이다. 그러나 다른 한편,
바로 그 때문에 어느 시대보다도 무기력함을
느낀다. 자연이 통제 불능 상태가 되어 지구의
생존조건 자체가 위협받게 된 것이다. 다른 말로
하자면 새로운 인간상은 왜소함과 위대함 사이를
오가는 추와도 같다. 이에 관해 여러 유용한 사유를
담고 있는 책으로, 다음 책을 볼 것.
Sverre Raffnsøe, *The Human Turn*
(Copenhagen: Copenhagen Business School,
2015).

2

다음 책을 볼 것, Pierre Charbonnier, *Abondance
et liberté: une histoire environnementale des
idées politiques* (Paris: La Découverte, 2019).
특히 어디서나 접속가능한 '유비쿼터스'와 삶의
터전인 live on인 지구와 사는데 쓰는 live over 지구의
구별에 관해서는 제3장을 볼 것.

3

예를 들면, 다음을 볼 것. Carlo Ginzburg, 'Killing
a Chinese Mandarin: The Moral Implications of
Distance', *Critical Inquiry*, Vol. 21 (1), 1994,
pp. 46-60. 중국인 살해에 관해서는 옮긴이 주 참조.

4

키에르케고르의 『일기』. 다음 책에서 재인용: Clare
Carlisle, *Philosopher of the Heart: The Restless
Life of Søren Kierkegaard* (London: Penguin
Books, 2020), pp. 107-8. 존재를 향한 '내향적'
시선은 키에르케고르의 사상을 관통하는 특징으로
나중에 실존주의 철학자들에게 지대한 영향을
미쳤다. 예컨대, 장-폴 사르트르 Jean-Paul Sartre,
『실존주의는 휴머니즘이다』의 서문.

5

사르트르는 위의 책에서 모든 실존주의자들이
마음에 품고 있던 금과옥조를 불멸의 한 문장으로
요약한 바 있다.

6

'교섭 diplomacy'이 존재의 형이상학적 원리가
되는 다원론적 존재론에 관해서는 브뤼노 라투르
Bruno Latour의 다음 책을 볼 것.
The Pasteurization of France (Cambridge, MA:
Harvard University Press, 1988). 또한 교섭에
관한 범세계주의적 정치철학에 관해서는 다음의 두
책을 볼 것. Isabelle Stengers, *Cosmopolitics I*
(Minneapolis: University of Minnesota Press,
2010), and *Cosmopolitics II* (Minneapolis:
University of Minnesota Press, 2011).

7

장-폴 사르트르 Jean-Paul Sartre의 『구토』

8

마르틴 하이데거 Martin Heidegger의 『존재와
시간』 중 1부 5장.

9

확장성 scalability의 문제에 관해서는 다음 책들을
참조할 것. Anna Lowenhaupt Tsing, *The
Mushroom at the End of the World: On the
Possibility of Life in Capitalist Ruins* (Princeton:
Princeton University Press, 2015), and *Friction:
An Ethnography of Global Connection*
(Princeton: Princeton University Press, 2005).

세대 갈등

1

세대 문제에 관한 칼 만하임 Karl Mannheim의 고전적 정의. 'The Problem of Generations', in Paul Kecskemeti(ed.), *Essays on the Sociology of Knowledge: Collected Works, Volume 5* (New York: Routledge, 1952), pp. 276-322.

2

브뤼노 라투르는 『나는 어디에 있는가? - 코로나 사태와 격리가 지구생활자들에게 주는 교훈』에서 카프카의 『변신』에 나오는 그레고르 잠자 Gregor Samsa를 인용하여 새로운 기후환경 시대의 탈바꿈을 설명하고 있다. 카프카의 소설 『변신』, 『심판』 등을 참조할 것.

감염

1

다음 링크를 참조할 것.
https://www.worldwildlife.org/magazine/issues/ spring-2014/articles/handle-with-care (t-shirt: water); https://www.worldbank.org/en/news/feature/2019/09/23/costo-moda-medio-ambiente (jeans: water); https://mycourses.aalto.fi/pluginfile.php/1240329/mod_resource/content/2/Niinima%CC%88ki%20et%20al%20%282020%29%20Environmental%20price%20of%20Fashion%20%5BNatRev%5D.pdf (jeans: water & CO2); https://news.mit.edu/2013/footwear-carbon-footprint-0522 (trainers: CO2).

2

코로나 바이러스(COVID-19)에 관한 과학적이고 기술적인 연구에 관해서는 다음 책의 1장을 주로 참조했다. Patrice Maniglier, *Le philosophe, la terre et le virus* (Paris: Les Liens qui Libèrent, 2021). 또한 프레데릭 아이-투아티 Frédérique Aït-Touati의 "우리는 예전에 생각했던 것과는 달리 숫자가 아니다." : 브뤼노 라투르의 '미생물: 전쟁과 평화' 다시 읽기 "Nous ne sommes pas le nombre que nous croyions être." : Relire 'Les Microbes: Guerre et Paix' de Bruno Latour, AOC Media, 2020년 3월 23일, https://aoc.media/critique/2020/03/22/nous-ne-sommes-pas-le-nombre-que-nous-croyions-etre-relire-les-microbes-guerre-et-paix-de-bruno-latour/

3

옮긴이 주 참조.

4

인문사회과학에서 감염의 은유에 관해서는 다음 책을 볼 것. Peta Mitchell, *Contagious Metaphor* (London: Bloomsbury Academic, 2012).

대양

1

쥘 베른, 『해저 2만리』, 또한 다음 글을 참조. Elena Past, 'Island Hopping, Liquid Materiality, and the Mediterranean Cinema of Emanuele Crialese', *Ecozon@*, Vol. 4 (2), 2013, pp. 49-66.

2

다음 책을 볼 것. Carl Schmitt, *Land and Sea: A World-Historical Meditation* (Candor, NY: Telos Press, 2015).

3

https://www.wwf.fr/sites/default/files/doc-2017-09/170927_rapport_reviving_mediterranean_sea_economy.pdf

4

다음 책에서 인용된 표현. Camille Schmoll, *Les damnées de la mer: femmes et frontières en Méditerranée* (Paris: La Découverte, 2020).

5

이른바 '글로벌 global'과 '지구적 planetary'의 상반된 이미지와 그 두 개념 사이의 역사적 상관관계에 관해서는 디페시 차크라바르티의 『행성 시대 역사의 기후』를 볼 것.

6

'지구위험 한계선 planetary bounderies'에 관한 기본 지식에 관해서는 다음 글들을 볼 것. Johan Rockström et al., 'Planetary Boundaries: Exploring the Safe Operating Space for Humanity', *Ecology and Society*, Vol. 14 (2), 2009, art. 32, and Will Steffen et al., 'Planetary Boundaries: Guiding Human Development on a Changing Planet', *Science*, Vol. 347 (6223).

섬

1

푸르니에에 관한 전기적 소설인 다음 책을 볼 것. Fournier, *L'homme de Porquerolles* (Paris: JC Lattès, 1996).

2

Vincent Vlès, 'Construction partagée d'un système numérisé de gestion des capacités de charge touristique du Parc national de Port-Cros', rapport final au Parc national de Port-Cros, 2018, https://hal.archives-ouvertes.fr/hal-01968691/document

3

Georges Rovéra et al., 'Preliminary Quantification of the Erosion of Sandy-Gravelly Cliffs on Porquerolles Island (Provence, France) through Dendrogeomorphology, Using Exposed Roots of Aleppo Pine (Pinus halepensis Mill.)', *Geografia Fisicae Dinamica Quaternaria*, Vol. 36 (1), 2013, pp. 181-7.

4

다음 글과 책을 볼 것. Georg Simmel, 'The Stranger', in Georg Simmel, *On Individuality and Social Forms* (ed. Donald N. Levine; Chicago: University of Chicago Press, 1971), pp. 143-50 and Margaret Mary Wood, *The Stranger: A Study in Social Relationships* (New York: Columbia University Press, 1934).

5

다음 글들을 볼 것. Glenn Albrecht, '"Solastalgia": A New Concept in Human Health and Identity', Pan *(Philosophy, Activism and Nature)*, Vol. 3, 2005, pp. 41-55, and Glenn Albrecht et al., 'Solastalgia: The Distress Caused by Environmental Change', *Australasian Psychiatry*, Vol. 15, 2007, pp. 95-8.

6

Rebecca Elliott, 'The Sociology of Climate Change as a Sociology of Loss', *European Journal of Sociology*, Vol. 59 (3), 2018, pp. 301-37.

1

사회적 질서, 합법화, 자유에 관해서 다음 책 참조.
Axel Honneth, Freedom's Right: *The Social
Foundations of Democratic Life* (New York:
Columbia University Press, 2014). 이 장의
주요 논점들은 다음 글에 요약되어 있다. Mikael
Carleheden and Nikolaj Schultz, 'The Ideal of
Freedom in the Anthropocene: A New Crisis
of Legitimation and the Brutalization of Geo-
Social Conflicts', *Thesis Eleven*, Vol. 170 (1),
2022, pp. 99-116.

2

이사야 벌린 Isaiah Berlin의 '두 가지 자유의 개념'
에 관해서는 다음 책 166~217쪽을 볼 것.
Isaiah Berlin, *Four Essays on Liberty* (Oxford:
Oxford University Press, 1969),

3

이사야 벌린의 용어를 빌리자면, 자유에 관한
이와 같은 '부정적' 이해의 고전적 사례로 토마스
홉스 Thomas Hobbes의 『리바이어던』을 들 수
있다. 또한 다음 글을 볼 것. Philip Pettit, 'Liberty
and Leviathan', *Politics*, Philosophy and
Economics, Vol. 4 (1), 2005, pp. 131-51.

4

17세기의 홉스와 동시대를 살았던 시인 존 던
John Donne의 표현을 인용. John Donne, *No
Man is an Island: A Selection from the Prose of
John Donne* (ed. Rivers Scott; London: Folio
Society, 1998).

5

'전생명체'의 개념은 다음 책에서 개진되었다. Lynn
Margulis and René Fester (eds) *Symbiosis as a
Source of Evolutionary Innovation: Speciation
and Morphogenesis* (Cambridge, MA: MIT
Press, 1991). 다음 책과 글도 볼 것. Lynn Margulis
and Dorion Sagan, *Microcosmos: Four
Billion Years of Evolution from our Microbial
Ancestors* (Berkeley: University of California
Press, 1997), and Scott F. Gilbert, Jan Sapp
and Alfred I. Tauber, 'A Symbiotic View of
Life: We Have Never Been Individuals', *The
Quarterly Review of Biology*, Vol. 87 (4), 2012,
pp. 325-41.

6

칸트 Immanuel Kant가 옹호한 자유의 개념.
이사야 벌린은 이를 두고 '자아지향적인 긍정적
자유'라 칭한 바 있다. 반면 프레데릭 뉴하우저
Frederick Neuhouser는 이것을 '도덕적 자유
moral freedom'라 부른다. 이마누엘 칸트의
『도덕형이상학의 기초』, 『실천이성비판』, 앞서
언급한 벌린의 책 *Two Concepts of Liberty*과
Frederick Neuhouser, *Foundations of Hegel's
Social Theory* (Cambridge, MA: Harvard
University Press, 2000).

7

칸트의 『순수이성비판』에 나오는 구절로,
그의 묘비에 적혀있기도 하다. Paul Guyer,
'Introduction: The Starry Heavens and the
Moral Law', in Paul Guyer (ed.),
The Cambridge Companion to Kant
(Cambridge: Cambridge University Press,
1992), pp. 1-25.

8

헤겔 Friedrich Hegel의 『법철학 강요』에
나오는 자유의 개념. 이사야 벌린은 이를
'자아실현으로서의 긍정적 자유'라 불렀고,
뉴하우저는 '사회적 자유'라 정의했다. 최근에 이와
같은 자유의 개념은 악셀 호네트 Axel Honneth의
사회철학을 형성하는 근간이 되고 있다. 호네트의
『자유의 권리』 참조.

9

Bruno Latour and Timothy Lenton, 'Extending
the Domain of Freedom, or Why Gaia is So
Hard to Understand', *Critical Inquiry*, Vol. 45
(3), 2019, pp. 659-80.

1

다음 자료를 볼 것. Denis Cosgrove (ed.), *Mappings* (Chicago: University of Chicago Press, 1999), and *Apollo's Eye: A Cartographic Genealogy of the Earth in the Western Imagination* (Baltimore, MD: Johns Hopkins University Press, 2001).

2

다음 책 참조. Frédérique Aït-Touati, Alexandra Arènes and Axelle Grégoire, *Terra Forma: Manuel de Cartographies Potentielles* (Paris: Éditions B42, 2019). 인류세의 보다 일반적인 지도학에 관해서는 다음을 볼 것. François Gemenne et al., *Atlas de l'Anthropocène* (2nd edition; Paris: Presses de Sciences Po, 2021), and Anna L. Tsing et al. (eds), *Feral Atlas: The More-Than-Human Anthropocene* (Stanford, CA: Stanford University Press, 2021), https://feralatlas.org/

3

Jérôme Gaillardet, "The Critical Zone, a Buffer Zone, the Human Habitat', in Bruno Latour and Peter Weibel (eds), *Critical Zones: The Science and Politics of Landing on Earth* (Cambridge, MA: MIT Press, 2020), p. 122, and Alexandra Arènes, 'Traveling through the Critical Zone', in ibid., pp. 130-5.

4

전지구적 '6차 대멸종'이 이미 진행 중이라는 가설에 관해서는 다음 글들을 참조. Gerardo Ceballos et al., 'Accelerated Modern Human-Induced Species Losses: Entering the Sixth Mass Extinction', *Science Advances,* Vol. I (5), 2015, pp. 1-5, and Gerardo Ceballos, Paul R. Ehrlich and Rodolfo Dirzo, 'Biological Annihilation via the Ongoing Sixth Mass Extinction Signaled by Vertebrate Population Losses and Declines', *Proceedings of the National Academy of Sciences,* Vol. 114 (30), 2017, pp. 6089-96.

5

다음의 책이 이를 추적하고 있다. Christina Conklin and Marina Psaros, *The Atlas of Disappearing Places: Our Coasts and Oceans in the Climate Crisis* (New York: The New Press, 2021).

1

Charles-François Boudouresque et al., 'The High Heritage Value of the Mediterranean Sandy Beaches, with a Particular Focus on the Posidonia oceanica "banquettes": A Review', *Scientific Reports of Port-Cros National Park,* 31, 2017, pp. 23-70.

2

Marc L. Miller and Jan Auyong, 'Coastal Zone Tourism: A Potent Force Affecting Environment and Society', *Marine Policy,* Vol. 15 (2), 1991, pp. 75-99.

1

다음 글을 볼 것. Anne Cadoret, 'Conflicts and Acceptability of Visitation Management Measures for a Marine Protected Area: The Case of Porquerolles, Port-Cros National Park', *Ocean and Coastal Management,* Vol. 204, 2021, art. 105547.

2

가령, 다음 글을 볼 것. Valérie Deldrève and Charlotte Michel, 'The Carrying Capacity Approach on Porquerolles (Provence, Port-Cros National Park, France): From Prospective to Action Plan', *Scientific Reports of the Port-Cros National Park* (Parc National de Port-Cros, 2019), pp. 63-100.

3

'품고 가기 engendering'의 개념에 관해서는 특히 라투르의 『나는 어디에 있는가 – 코로나 사태와 격리가 지구생활자들에게 주는 교훈』을 볼 것.

4

이 둘 사이의 변증법적 분석은 울리히 벡 Ulich Beck의 저작에서 반복적으로 등장하는 주요 주제다. 울리히 벡, 『위험사회(새로운 근대성을 향하여)』, 『글로벌 위험사회』, 그리고 *Metamorphosis of the World: How Climate Change is Transforming Our Concept of the World* (Cambridge: Polity, 2016).

5

'성장'에서 '번영'으로 이행해야 할 필요성에 관해서는 브뤼노 라투르, 니콜라이 슐츠, 『녹색 계급의 출현 (스스로를 의식하고 자랑스러워하는)』을 볼 것.

6

칼 마르크스, 프리드리히 엥겔스, 『공산주의 선언』.

7

Louise Roche and Jules Masson Mourey, 'Le trou du pirate: prospection inventaire et relevés topographiques en région Provence-Alpes-Côte d'Azur sur l'ile de Porquerolles - commune d'Hyères (Var, 83)', Rapport d'opération SRA PACA (Rapport de recherche), RAP07078 (EHESS-Paris; Aix-Marseille Université, 2014), ffhal-01441755f, https://hal.archives-ouvertes.fr/hal-01441755/document

1

다음을 볼 것. Jakob Stein Pedersen, Bruno Latour and Nikolaj Schultz, 'A Conversation with Bruno Latour and Nikolaj Schultz: Reassembling the Geo-Social', *Theory, Culture & Society,* Vol. 36 (7-8), 2019, pp. 215-30, and Nikolaj Schultz, 'New Climate, New Class Struggles', in Latour and Weibel (eds), *Critical Zones,* pp. 308-11.

2

환경적, 영토적 불평등에 관해서는 Lucas Chancel, *Insoutenables inégalités: pour une justice sociale et environnementale* (Paris: Les Petits Matins, 2017)을 볼 것. 또한 울리히 벡의 다음 글을 참조할 것. 'Remapping Social Inequalities in an Age of Climate Change: For a Cosmopolitan Renewal of Sociology', *Global Networks,* Vol. 10 (2), pp. 165-81.

3

다음 자료도 참고할 것. Nikolaj Schultz, 'Did the Pandemic Teach Us Something New about Class? COVID-19 as an Experiment in "Geo-Social Class" Interests', in Michael J. Ryan (ed.), COVID-19, Volume 3: *Cultural and Institutional Changes and Challenges* (London: Routledge, 2022), 5장 (발간 예정).

4

지구-사회적 계급에 관한 선구적 이해에 관해서는 칼 폴라니의 『거대한 전환: 우리 시대의 정치경제적 전환』을 참조.

5

브뤼노 라투르, 니콜라이 슐츠, 『녹색 계급의 출현 (스스로를 의식하고 자랑스러워하는)』 참조.

6

Jason Moore, *Capitalism in the Web of
Life: Ecology and the Accumulation of
Capital* (London: Verso, 2017)을 참조할 것.
마르크시즘적 환경론의 시각에 대한 비판은
Nikolaj Schultz의 글 'Ecology and Class: Three
Ways of Theorizing Class in a Time of Global
Climate Change'를 볼 것 (출간 예정).

7

Nikolaj Schultz, 'Geo-Social Classes', in
Marianne Krogh (ed.), *Connectedness: An
Incomplete Encyclopedia of the Anthropocene*
(Copenhagen: Strandberg Publishing, 2020),
pp. 204-7.

이 장은 저자 자신이 쓴 다음의 글들을 바탕으로
구성되었다. '출애굽 같은 삶', *Terrestres: Revue
des lives, des idées et des écologies,* 16 May
2022, https://www.terrestres.org/2022/05/16/
la-vie-comme-exode/ and 'At tage til Mars
er ikke progres-sivt, deter reaktionürt', Atlas
Magasin, 2 February 2020, https://atlasmag.
dk/samfund/tage-til-mars-er-ikke-progressivt-
det-er-reaktion%C3%A6rt

1

Douglas Rushkoff, 'Survival of the Richest',
Medium, 5 July 2018, https://medium.com/
one-zero/survival-of-the-richest-9ef6cddd0cc1
기술적 탈출론자들의 이념을 이해하는 핵심적인
실마리는 다음 책에서 참조. James Dale Davidson
and William Rees-Mogg, *The Sovereign
Individual: How to Survive and Thrive during
the Collapse of the Welfare State* (New York:
Simon & Schuster, 1997).

2

아인 랜드 Ayn Rand, 『움츠린 아틀라스』

3

Jessica Powell, 'The Rich Will Outlive Us All',
Medium, 3 January 2018, https://medium.
com/s/2069/what-happens-when-the-rich-
live-decades-longer-than-the-rest-of-us-
2dfec4a35b21

4

라투르의 책 『지구와 충돌하지 않고 착륙하는 방법
(신기후체제의 정치)』 1장에 담긴 '정치소설적'
가설 참조.

5

칼 융 Carl Gustav Jung, C. G. *Jung Speaking:
Interviews and Encounters* (eds William
McGuire and R. F. C. Hull; Princeton:
Princeton University Press, 1977), 468쪽.

6

다음 기사들과 책을 참조할 것. Olivia Carville,
'The Super Rich of Silicon Valley Have a
Doomsday Escape Plan', *Bloomberg*,
5 September 2018, https://www.bloomberg.
com/features/2018-rich-new-zealand-
doomsday-preppers/ ; Jim Dobson, 'The
Shocking Doomsday Maps of the World
and the Billionaire Escape Plans', *Forbes*,
10 June 2017, https://www.forbes.com/
sites/jimdobson/2017/06/10/the-shocking-
doomsday-maps-of-the-world-and-the-
billionaire-escape-plans/?sh=189d700e404 ;
and Mark O'Connell, *Notes from an Apocalypse*
(New York: Doubleday, 2020).

1

도나 해러웨이 Donna Haraway의 『트러블과
함께하기』를 볼 것.

2

이탈로 칼비노 Italo Calvino, 『보이지 않는 도시들
Invisible Cities』(영문판), 165쪽에서 재인용.

나는 지구가 아프다

지은이	니콜라이 슐츠
옮긴이	성기완
펴낸이	주일우
편집	강지웅
디자인	PL13
마케팅	추성욱

처음 펴낸 날
2023년 6월 14일

펴낸곳	이음
출판등록	제2005-000137호 (2005년 6월 27일)
주소	서울시 마포구 월드컵북로1길 52, 운복빌딩 3층
전화	02-3141-6126
팩스	02-6455-4207

전자우편
editor@eumbooks.com
홈페이지
www.eumbooks.com
인스타그램
@eumbooks

ISBN 979-11-90944-70-0 (03300)
값 16,500원